Josef Sudbrack

EUGEN DREWERMANN – um die Menschlichkeit
des Christentums

W0071227

Josef Sudbrack

EUGEN DREWER- MANN...

... um die Menschlichkeit des Christentums

echter

Die Deutsche Bibliothek – CIP-Einheitsaufnahme

Sudbrack, Josef:
Eugen Drewermann – um die Menschlichkeit des Christentums /
Josef Sudbrack. –
2. Aufl. – Würzburg : Echter 1992
ISBN 3-429-01467-0

Mitglied der Verlagsgruppe »engagement«

2. Auflage 1992
© 1992 Echter Verlag Würzburg
Umschlag: Ernst Loew
Gesamtherstellung: Echter Würzburg
Fränkische Gesellschaftsdruckerei und Verlag GmbH
ISBN 3-429-01467-0

Inhalt

Eigentlich müßte diese Arbeit, die ich eben, am Ostersonntag 1992, beendet habe, ein Jahr liegenbleiben und
immer wieder durchgearbeitet werden. Das Thema ist zu
wichtig und auch zu persönlich, als daß es leichthin ab-
gefertigt werden dürfte. Doch die Zeit drängt; darüber
dürfte kein Zweifel herrschen. Und so übergebe ich,
nachdem ich mich auf einige Vorarbeiten stützen kann
(JS I–III), etwas zaghaft das Manuskript dem Druck:
– zaghaft, weil es um so persönliche Angelegenheiten
des christlichen Glaubens geht, meines Glaubens, des
Glaubens vieler Mitchristen, sicher auch des Glaubens
von Eugen Drewermann;
– zaghaft, weil so vieles ungenau und mißverständlich
gesagt wurde, weil es noch so vieles andere zu sagen und
zu bedenken gäbe. Doch wie dick wäre ein Buch, das
alles dies unangreifbar erfüllt;
– zaghaft, weil so oft mein persönliches Verständnis des
Glaubens und meine Deutung der Theologie Drewermanns die Darstellung leitet; doch Drewermanns Theologie ist es, die mir den Mut zu dieser Subjektivität gibt
(vgl. z. B. S. 31).
Dies ist auch der Grund dafür, warum ich Drewermann
selbst – quer durch sein Werk – möglichst ausführlich
selbst zu Wort kommen lasse. Sicher, es sind oftmals Zitate, die erst im Zusammenhang vieler Seiten und Kapitel ihren Sinn vollständig darbieten. Aber der kritische
Leser kann dies anhand der Stellenangaben leicht überprüfen. Und einen kritischen Leser wünsche ich mir für
die folgenden Seiten.

Ostersonntag, 1992   *Josef Sudbrack SJ*

Literatur

Aufgelistet ist nur die zitierte Literatur, soweit sie mir wichtig erschien. Ohne daß dies kenntlich gemacht ist, wurden die Zitate selbst gelegentlich verkürzt und auch, wenn nötig, umgestellt, um sie z. B. aus direkter Rede in eine indirekte Zitationsform zu bringen.

AH – Axel Horstmann, Artikel »Mythos/Mythologie«, in: Historisches Wörterbuch der Philosophie, Bd. 6, Darmstadt, 1984, 283–318.

AL – Alfred Lorenzer, Der Symbolbegriff und seine Problematik in der Psychoanalyse, in: J. Oelkers/K. Wegenast, Das Symbol – Brücke des Verstehens, Stuttgart, 1991, 21–30.

AM – Alice Miller, Du sollst nicht merken. Variationen über das Paradies-Thema. Mit einem neuen Nachwort (1983), Frankfurt 1983.

Ba – Ich steige hinab in die Barke der Sonne. Meditationen zu Tod und Auferstehung. Mit Farbbildern, Olten/Freiburg ³1990.

CJ – Christoph Jamme, »Gott an hat ein Gewand«. Grenzen und Perspektiven philosophischer Mythos-Theorien der Gegenwart, Frankfurt 1991.

Da – Daß alle eins seien. Predigten zwischen Himmelfahrt und Dreifaltigkeitsfest, hrsg. von B. Marz, Düsseldorf 1992.

Do – H.-J. Rick (Hrsg.), Dokumentation zur jüngsten Entwicklung um Dr. Eugen Drewermann, Paderborn 1991.

EL – Ernst Lohmeyer, Urchristliche Mystik. Neutestamentliche Studien, Darmstadt 1958.

FD – Der Fall Drewermann. Ausgewählte Pressestimmen, Olten/Freiburg 1991.

GF – Gregor Fehrenbacher, Drewermann verstehen. Eine kritische Hinführung, Olten/Freiburg 1991.

Fr – An ihren Früchten sollt ihr sie erkennen. Antwort auf Rudolf Peschs und Gerhard Lohfinks »Tiefenpsychologie und keine Exegese«, Olten/Freiburg 1990.

JF – Joseph A. Fitzmyer, Kommentar, in: P. G. Müller (Hrsg.), Bibel und Christologie. Ein Dokument der Päpstlichen Bibelkommission, Stuttgart 1987, 199–258.

JS – Einfügungen von Josef Sudbrack.
   I. Exegese und Tiefenpsychologie aus der Sicht geistlicher Exegese, in: TD, 98–114.
   II. Mystische Spuren. Auf der Suche nach der christlichen Lebensgestalt, mit: A. Im Gespräch mit Eugen Drewermann. B. Grenzen der Psychoanalyse: Drewermanns »Kleriker«, 251–292, 348–354, Würzburg 1990.
   III. Ein Brückenschlag zum Anliegen Drewermanns, in: GUL 1992, 46–56.

IV. Mystik im Dialog. Christliche Tradition – Ostasiatische Tradition – Vergessene Traditionen, Würzburg 1992.

JW – Jürgen Werbick, Gottesoffenbarung in der »Sprache der Seele«. Eugen Drewermanns Herausforderung der herkömmlichen Fundamentaltheologie, in: Münchener Theologische Zeitschrift, 1992, 17–38. (Zum Konflikt um Eugen Drewermann, in: Katechetische Blätter, 1992, 212–216; Wo Gott greifbar wird. Gegen falsche Alternativen in einer wichtigen theologischen Diskussion, in: Publik-Forum 7, 1992, 22–24.)

KB – Klaus Berger, Zum Ketzer reicht es nicht. Eugen Drewermanns Matthäuskommentar, in: FAZ vom 14. IV. 1992, L 14.

KC – Der Krieg und das Christentum. Von der Ohnmacht und Notwendigkeit des Religiösen, Regensburg [3]1991.

Kl – Kleriker, Psychogramm eines Ideals, Olten/Freiburg [8]1990.

KP – »Das Eigentliche ist unsichtbar.« Der Kleine Prinz tiefenpsychologisch gedeutet, Freiburg [9]1986 (Taschenbuch [2]1992).

KS – Der Klerikerstreit. Die Auseinandersetzung um Eugen Drewermann, hrsg. v. P. Eicher, München [2]1990.

LS – Lieb Schwesterlein, laß mich herein. Grimms Märchen tiefenpsychologisch gedeutet, München 1992.

ME – M. Ende/J. Krichbaum, Die Archäologie der Dunkelheit. Gespräche über Kunst und das Werk des Malers Edgar Ende, Stuttgart 1985.

MH – Martin Hengel, Nachfolge und Charisma. Eine exegetisch-religionsgeschichtliche Studie zu Mt 8,21 f und Jesu Ruf in die Nachfolge, Berlin 1968.

Mk – Das Markusevangelium. Bilder von Erlösung, Olten/Freiburg, I. [6]1990; II. [3]1990.

MP – J. B. Metz/T. R. Peters, Gottespassion. Zur Ordensexistenz heute, Freiburg/Basel/Wien 1991.

Mt – Das Matthäusevangelium. Bilder der Erfüllung, Olten/Freiburg, I. 1992.

NG – Dein Name ist wie der Geschmack des Lebens. Tiefenpsychologische Deutung der Kindheitsgeschichte nach dem Lukasevangelium. Mit 8 Bildtafeln, Olten/Freiburg [3]1990.

NH – Neues Handbuch theologischer Grundbegriffe. Erweiterte Neuausgabe, hrsg. von P. Eicher, München 1991, mit folgenden Artikeln von Eugen Drewermann:
   I. Angst, Bd. 1, 17–31.
   II. Endlichkeit/Transzendenz, Bd. 1, 332–338.
   III. Laie/Klerus, B. Psychologisch-Kritisch, Bd. 3, 188–206.
   IV. Psychologie und Theologie, Bd. 4, 312–330.
   V. Sünde, Bd. 5, 86–93.

PH – K. Hillenbrand (Hrsg.), Priester heute. Anfragen, Aufgaben, Anregungen, Würzburg [2]1991.

PM – Psychoanalyse und Moraltheologie, Mainz, I – Angst und Schuld, 1982; II – Wege und Umwege der Liebe, 1983; III – An den Grenzen des Lebens, 1984.

RB – Rolf Baumann, Will keiner sich die Finger verbrennen? Warum die Theologen weithin schweigen. Argumente eines katholischen Neutestamentlers, in: Publik-Forum 5, 1992, 20–22.

RK – Reden gegen den Krieg, hrsg. v. B. Marz, Düsseldorf 1991.

SB – Strukturen des Bösen, Paderborn 61988, I. – Die jahwistische Urgeschichte in exegetischer Sicht; II. – Die jahwistische Urgeschichte in psychoanalytischer Sicht; III. – Die jahwistische Urgeschichte in philosophischer Sicht.

Se – Rudolf Kaiser, Die Erde ist uns heilig. Die Reden des Chief Seattle und anderer indianischer Häuptlinge, Freiburg 1992.

TD – A. Görres, W. Kasper (Hrsg.), Tiefenpsychologische Deutung des Glaubens? Anfragen an Eugen Drewermann, Freiburg 41992.

TE – Tiefenpsychologie und Exegese, Olten/Freiburg, I. – Die Wahrheit der Formen. Traum, Mythos, Märchen, Sage und Legende, 81990; II. – Die Wahrheit der Werke und der Worte. Wunder, Vision, Weissagung, Apokalypse, Geschichte, Gleichnis, 61990.

TF – Der tödliche Fortschritt. Von der Zerstörung der Erde und des Menschen im Erbe des Christentums, Regensburg 61990.

Tk – R. Pesch/G. Lohfink, Tiefenpsychologie und keine Exegese. Eine Auseinandersetzung mit Eugen Drewermann, Stuttgart 1987.

Tr – W. Breuning (Hrsg.), Trinität. Aktuelle Perspektiven der Theologie, Freiburg 1984.

WH – I–III – Wort des Heils, Wort der Heilung. Von der befreienden Kraft des Glaubens, Gespräche und Interviews, hrsg. v. B. Marz, Düsseldorf 1988–1989.

Wo – Worum es geht. Protokoll einer Verurteilung (mit einem Anhang: P. Eicher, Der Konflikt um die christliche Existenz), München 1992.

WS – Wolfgang Schmidbauer, Die Subjektive Krankheit. Kritik der Psychosomatik, Reinbeck 1986.

ZR – Von der Zerstörung der religiösen Rede, in: Paderborner Studien 4, 1982.

Zu Eugen Drewermann

Wer je dem Paderborner Theologen persönlich begegnet ist, muß beeindruckt worden sein von seiner übergroßen, fast beängstigenden Sensibilität und von der inneren Wahrhaftigkeit seines Sprechens. Man mag seine Ausführungen, die kritischen wie die positiv-aufbauenden, ablehnen; man mag das prophetisch klingende und beschwörende Pathos seines Redens verabscheuen; man mag bei ihm Einseitigkeiten, partielle Blindheit oder übertreibende Verallgemeinerungen feststellen; man mag von seiten der Spezialisten fehlende Gründlichkeit und mangelndes Fachwissen bei ihm aufdecken, was nicht nur Theologen, sondern auch Fachpsychologen, Psychoanalytiker und Märchenforscher tun; man mag von theologischer Warte aus bei ihm Abweichungen und dogmatische Irrtümer feststellen; man mag über seine harten, oft ungerechten, beleidigenden Ausbrüche erschrecken: Doch wer ihm offen begegnet – und das ist auch dem Hörer seiner Vorträge, dem Fernsehzuschauer oder dem Leser seiner Schriften möglich –, erlebt einen Menschen, der in unbedingter Ehrlichkeit, mit fast prophetischer Härte, sich selbst in seinem Fühlen und seinen Visionen ausspricht. Und er spricht mit einer umfassenden Belesenheit, einem nie versagenden reichen Gedächtnis, mit einer faszinierenden Sprach- und Bildkraft, mit der Fähigkeit, weit auseinanderliegende Fragen zu synthetisieren und Antworten auf sie zu geben, die den Menschen von heute treffen.

Man kann es den Journalisten und Statistikern überlassen, die Wirkung Drewermanns abzuschätzen und zu bewerten. Aber eines ist doch sicher: Die kirchliche Öffentlichkeit steht vor einem Phänomen, das nicht einfachhin als Modeerscheinung zu übergehen ist. Auch die Behauptung, daß sich um Drewermann diejenigen sammeln, die sowieso mit der kirchlichen Lehre nicht mehr zurechtkommen, geht am Phänomen vorbei. Gewiß gibt es manche Stimmen, die aus seiner Kritik an der

»real existierenden« Kirche (so P. Eicher, ein Wort Drewermanns aufgreifend, in: Wo, 488, 495, 497) sich ihr eigenes kirchenkritisches Alibi weben (in KS und FD findet man dazu genügend Beispiele). Doch – das wage ich aus vielfältiger Erfahrung zu sagen und kann mich auch auf bischöfliche Äußerungen wie die von Karl Lehmann berufen – Drewermann spricht viele, wohl die meisten seiner Anhänger in ihrem menschlichen, religiösen, christlichen Suchen an, berührt etwas in ihnen, das sie beglückt; er hilft nicht wenigen, neu und froher zu glauben.

Es wäre ein schlechter Ausweg und eine Flucht vor den Tatsachen, wenn man die Ausstrahlungskraft seiner Persönlichkeit in einem »Psychogramm« zu analysieren und so gleichsam zu entschärfen, zu entwerten versuchte. Drewermann selbst liefert abschreckende Beispiele für das Mißlingen derartiger Methoden. Oder wie soll man z. B. die Tatsache anders bewerten, wenn man sieht, wie ein solch genialer Mann in seinem Klerikerbuch die Franziskus-Gestalt psychoanalysiert auf nicht einmal fünf Seiten (so schreibt er selbst; es wurden daraus allerdings neun; Drewermann scheint dieses Buch während der Drucklegung um fast 300 Seiten erweitert zu haben)? Franziskus habe seine Mutter, die ihrem tyrannischen Vater gehorchte, um das Wohl der Familie zu bewahren, idealisiert; diese devote Gehorsamsrolle habe er dann so sehr internalisiert, daß er – wie zur Verteidigung der Mutter – seinem eigenen tyrannischen Vater »obstinat ungehorsam« wurde, aber zugleich von sich und von anderen blinden Gehorsam vor der Kirche – wie die Mutter vor dem Vater – verlangte.« ›In Christus zu sein‹ (= im Über-Ich, JS) ersetzt jetzt die Möglichkeit, *selber* zu sein, und die Sehnsucht nach dem Himmel verzehrt fortan rasch und gewaltsam wie ein Steppenbrand die kleinen Reste an spärlichem Grün in den Niederungen und Tälern des irdischen Lebens.« Drewermann zitiert bei seiner Psychoanalyse des Franziskus kein einziges Mal diesen selbst; etwa den Sonnengesang als Beispiel für das »gewaltsam verbrannte spär-

liche Grün« seines »Selber-Seins« (dazu auch WH I, 8).
Wohl aber bekommt über eine Seite lang Tilmann Moser
mit seiner »Gottesvergiftung«, seinem Reden vom
»grausamen, zerstörerischen Gott« das Wort. Um seine
Psychoanalyse des heiligen Franz zu rechtfertigen,
bringt Drewermann es sogar fertig, die »Lebensge-
schichte« von Thomas von Celano, die er als Grundlage
benutzt, in »einer Angabe« zu »korrigieren«. Doch es ist
nicht eine, sondern *die* entscheidende Angabe über die
frühe Jugend des Franziskus in seiner Familie, die Drewermann ändern muß, damit sein »Psychogramm« des
Heiligen stimmig wird, eben den Konflikt zwischen Vater und Mutter, von dem Celano nichts wußte. Und
nicht ein einziges Mal taucht die Vermutung auf, ob
nicht in das Leben des Franziskus etwas Gewaltiges ein-
gebrochen sei, das der Christ Gott nennt und das kein
Psychoanalytiker übergehen bzw. übersehen dürfte,
wenn er nur einigermaßen dem Heiligen gerecht werden
möchte (Kl, 464–472).
Statt solche Fehler nachzumachen, statt zu psychologi-
sieren, sollte man sich an das breite Schrifttum Drewermanns selbst halten und ihn zu verstehen suchen. Und
hier helfen weder Witze, wie sie der Rezensent der Wo-
chenzeitung »Die Zeit« mehrmals wiederholt (Drewermann schreibe schneller, als die Kritiker lesen können),
wohl damit er dessen religiöses Anliegen ins Gegenteil
verkehren kann. Es hilft auch kein Festbeißen an Einzel-
aussagen Drewermanns, mit denen er vielleicht sehr bewußt Anstoß erregen möchte, um etwas in Bewegung zu
bringen. Es hilft auch nicht weiter, Drewermann von
vorneherein mit der Kategorie des »Ja-Aber« zu begeg-
nen, wie es anscheinend augenblicklich in der Theologie
üblich wird. So in der Art: Viel Gutes und Wichtiges,
aber hier und dort fehlt es grundsätzlich; oder pastoral-
poetisch ausgezeichnet, aber dogmatisch schwach usw.
Wer sich ernsthaft mit Drewermann auseinandersetzen
möchte – und das lohnt sehr! –, muß sich in sein Werk
vertiefen, und zwar – wie Drewermann betont – vor allem in sein Grundlagenwerk »Strukturen des Bösen«

(SB I–III). Vielleicht wird dann man feststellen müssen, daß Drewermann die Grundlinien, die in diesem ersten fundamentalen dreibändigen und mehrmals – zum Mißvergnügen der Erstkäufer – erweiterten Buch entworfen wurden, in späteren Arbeiten verläßt. Doch an den »Strukturen des Bösen« kommt kein Gesprächspartner Drewermanns vorbei. Das ist z. B. auch der Mangel der sonst hervorragenden Auseinandersetzung Jürgen Werbicks mit Drewermann (We), daß er dieses Erstlingswerk nur erwähnt, aber nicht zur Auseinandersetzung benutzt.

Die fast 2000 Seiten (mit Register usw.) dieser Trilogie sind keine leichte Lektüre. Und so seien denjenigen, die Drewermann in seiner theologischen Kraft (nicht nur in seinen Märchendeutungen) kennenlernen wollen, die drei Interviewbände (WH I–III) anempfohlen, in denen er seine Grundansichten in verständlicher Weise darlegt; und dazu die inzwischen vier Predigtbände zum Jahreskreis, die schöne Beispiele für die exegetische und rhetorisch-poetische Auslegungskunst Drewermanns enthalten.

Psychologie und Philosophie
– führen zum Ja des vertrauenden Glaubens vor Gott

(a) Nicht nur in der Tagespolemik, sondern auch in seriösen Schriften liest man, Drewermann reduziere Glauben und Glaubenserfahrung auf Psychologie. So schreibt noch W. Weier in seinem Buch »Religion als Selbstfindung« (1991, 16 f.): Drewermann gebe »den Wesenszug aller Existentialität, den der Sinnhaftigkeit, Unbedingtheit und Freiheit, auf ..., indem (er) sich ganz und gar der ›Tiefenpsychologie‹ verschreibt.« Doch dieser Vorwurf ist ebensowenig stimmig wie der andere, daß Drewermann das Christentum gnostisch verfälsche (TD, 21), d. h. es in ein Erkenntnissystem auflöse und das freie Ja des Glaubens zu Gott auf intellektuelle, psychologische oder andere Mechanismen bzw. Systemzwänge reduziere. Die »Strukturen des Bösen« wollen genau das Gegenteil aufweisen, wollen zeigen, daß psychologische Analysen den Menschen nur zur (allerdings wichtigen) Erkenntnis führen können, daß eine Welt-immanente Lösung seiner Lebensfragen nicht gelingen kann, daß er das Wagnis des Glaubens-Ja zum gütigen, allmächtigen, ewigen Gott eingehen muß, um Antwort auf die Lebensfrage zu erhalten, um Heilung der Lebensangst zu erfahren. In seiner vehementen »Antwort auf Rudolf Peschs und Gerhard Lohfinks ›Tiefenpsychologie und keine Exegese‹« wehrt Drewermann den Vorwurf ab – wie mir scheint mit sachlichem Recht, aber mit regelrecht diffamierenden Unterstellungen; er spricht z. B. von »einem unerhörten Bubenstück« seiner beiden Gegner (Fr, 55) und nennt ihr Argumentieren »infam« (Fr, 72); er unterstellt seinen theologischen Gegnern also bewußte lügnerische Bosheit.

Wie unberechtigt allerdings der »Vorwurf der Gnosis« (TD, 20 f) ist, zeigt schon die klare Absetzung Drewermanns von den »gnostisierenden Gedankengängen C. G. Jungs« (SB III, 161), dessen komplexer Psychologie

er zugleich zu großem Dank verpflichtet ist: »Es wird
die Frage sein, ob das, was Jung und Hegel ›Religion‹
nennen (die Selbstwerdung in der Einheit des Bewußt-
seins mit dem Unbewußten bzw. die Gottwerdung in der
Einheit des Individuellen mit dem Allgemeinen) der Religion der Bibel entspricht – oder nicht vielmehr reine
Gnosis ist« (SB III, 63). Mit der Bibel weiß und mit der
Psychoanalyse »beweist« Drewermann: »Keine der entscheidenden Fragen wird gelöst, wenn Gott nicht als
eine freie, absolute Person dem Menschen gegenübersteht; weder die Frage, wie der Mensch sich in der Angst
seiner Kontingenz und seiner Freiheit beruhigen soll,
noch die Frage, wie er sich auf die undurchsichtigen ihrer selbst unbewußten und ihn nicht als Person meinen-
den Mächte der inneren und äußeren Natur einlassen
soll, noch die Frage, wie er mit der Gewißheit des Todes
fertig wird, noch – und vor allem – wie er seine eigene
Schuld akzeptieren und überwinden kann.« (SB III,
XLIX)
(b) Dieser letzten Frage, was Sünde, besonders was die
von der kirchlichen Tradition so benannte Erbsünde sei,
ist sein Grundlagenwerk »Strukturen des Bösen« gewidmet. Der erste Band mit einer ausführlichen Exegese
von Gen 2–11 möchte »einen gewissen Beitrag zur Begründung und zum Verständnis der Erbsündenlehre lie-
fern« und »die kirchliche Lehre in wesentlichen Teilen
erweitern und vertiefen« (SB I, XIV. LVIII). Das bein-
haltet – und damit kommt Drewermann den Analysen
von H.-E. Richters »Gotteskomplex« recht nahe –:
»Der Mensch, der nach seiner Gottähnlichkeit greift,
fällt in Wahrheit aus seinem Maß, aus der Mitte der
Welt und der Mitte seiner selbst heraus in eine Welt der
Fremde, in ein Dasein der Scham und des Elends – und
das einzige, was er fortan mit Gott gemeinsam haben
wird, ist das unselige ›Wissen von Gut und Böse‹, die Erkenntnis, daß alle Dinge und er selber nur gut sind in der
Einheit mit Gott, alles ihm aber zum Fluch gerät, wenn
er als Geschöpf ohne seinen Schöpfer leben muß« (SB
III, LXXVf). Der biblische Autor »beharrt darauf, daß

die Menschen in ihrem Menschsein, in ihrer Gesamtheit gar nicht anders können, als den traurigen Weg in die Gottesferne zu gehen. Gerade dieser Charakter der Zwangsläufigkeit in der einmal gesetzten Sünde ist so erschütternd« (SB I, 319).

Der zweite Band geht – wieder anhand der biblischen Urgeschichte – den aufgeworfenen Fragen nun psychoanalytisch mit reichem Material aus der Religionsgeschichte nach. Doch auch hier findet sich keine Lösung, keine Heilung aus der erbsündlichen Verstrickung in der Gottesferne, aus der Entfremdung vom eigenen Wesen. »Die Psychoanalyse ist in diesem Sinn eine vorläufige Methode, insofern sie das freilegen hilft, was gewesen ist; aber die entscheidenden Fragen beginnen dann erst, wie nämlich der Patient zu dem Stellung nimmt, was gewesen ist« (SB II, 8). Das Grunddilemma bleibt: »Ohne Gott, rein immanent, ist das Bewußtsein in der Angst des Daseins notgedrungen pathogen, und es ist nur die Frage, ob man den Menschen dazu oder davon erlösen will, ein Mensch zu sein« (SB III, LXXX). »Dazu erlösen«, wie es Jesus Christus predigte, oder »davon erlösen« und in einen untermenschlichen Zustand der Triebbesessenheit führen, wie es manche Psychoanalyse zu machen scheint.

Und nochmals neu setzt der dritte Band an; er betrachtet die Urgeschichte aus philosophischer Sicht und kommt – besonders über Kant, Hegel, Sartre – zum Ergebnis, »daß der Mensch als bewußtes Wesen sein eigenes Dasein ohne Gott nicht ertragen kann und daß aus dieser Unerträglichkeit alle Formen des Bösen als Verfahren einer verzweifelten Selbstverstümmelung und Selbstzerstörung erwachsen müssen; daß es daher, positiv gewendet, ein und dasselbe ist, an Gott zu glauben und mit sich selbst und darin auch mit allen anderen und aller Welt ringsum wieder ins rechte Lot zu kommen« (SB III, LXI).

(c) Schon in dieser Trilogie blickt Drewermann auf sein weiteres Programm voraus. Dieses möchte er nicht mehr mit dem Titel *»Strukturen«*, sondern mit *»Bilder«* überschreiben: »Bilder von Erlösung« (Mk I–II) und »Bilder der Erfüllung (Mt Iff); dazu im Nachtragskapitel der »Strukturen« (SB I, 335–389). »Während das Böse eine in sich geschlossene Form besitzt, ja in der Geschlossenheit, der Selbsteinschließung des Daseins selbst besteht, ist sein Gegenteil, das Gute, gerade die angstfreie Offenheit des Daseins. Wir werden daher eine Positivdarstellung lieber betiteln als ›Bilder der Erlösung‹. Die Lebens- und Leidensgeschichte des Herrn müßte gelesen werden als eine zusammenfassende Erlösungsgeschichte der Angst der gesamten menschlichen Existenz« (SB III, LXIf).

So tauchen also schon im abschließenden Kierkegaard-Kapitel – ganz im Sinne der Bibel – mit der Abraham-Geschichte »Bilder« von Erlösung und Befreiung auf. Doch ihre erlösende Kraft kann nur freigesetzt werden in dem Ja, das der Mensch zu seiner eigenen Existenz spricht. Der große dänische Theologe gibt Drewermann den Schlüssel zu diesem Ja, zur Befreiung des Menschen aus den »Strukturen des Bösen« in die Hand: Der Mensch muß den Sprung in den absoluten Glauben an Gottes unendliche Güte wagen, um dieses Ja zu sprechen, zu dem er in der isolierten eigenen Existenz kein tragendes Fundament findet. »Eben darin sieht Kierkegaard die Tat des Glaubens Abrahams begründet, daß er zwar auf alle menschlichen Gründe der Hoffnung Verzicht tut (d. h. Gott gehorcht, der das Opfer seines Nachkommens fordert, JS), aber dennoch eine Hoffnung behält für gerade diese Welt, die ihm genommen zu werden schien« (d. h., daß Gott ihm Nachkommen geben wird so zahlreich wie die Sterne am Himmel, JS) (SB III, 497 f).

Um seine Grundangst zu übersteigen, muß der Mensch die Ebenen des rein Menschlichen – des Ästhetischen (Schönheit, Freude, auch Psychologie usw.), auch die des Ethischen als allgemeine und satzhaft fixierte Gesetzlichkeit (gut und böse) – überspringen in ein totales, blindes Vertrauen auf Gott: »Was ethisch geradezu unmöglich ist, das ist doch möglich bei Gott« (SB III, 507).

Nur noch die zur Entscheidung aufgerufene Person, nicht aber Denken, Schönheit oder auch allgemeine Moralvorschriften können diesem Sprung des Vertrauens in Gott hinein Gültigkeit geben. Drewermann verbindet so die Mitte des Religiösen (den jenseitigen Gott) mit der Mitte des Menschen (der personalen Freiheit): »Die Individualität, so deuten wir den Ansatz Kierkegaards, bedarf der absoluten Person Gottes, um sich selber auszuhalten; verschwindet die Person Gottes hinter dem Ethisch-Allgemeinen, so reduziert sich nicht nur die Religion auf bloße Sittlichkeit – es kommt auch eine ›Sittlichkeit‹ dabei heraus, in der das Individuum in seiner Unvertauschbarkeit zugrunde geht« (ebd.).

Die von Hegel stammende philosophische Sprache, in der Kierkegaard diese Theologie formuliert, benutzt die Dialektik von Endlichkeit und Unendlichkeit: Der »endliche« Mensch ist auf »Unendlichkeit« ausgerichtet; er kann diese also nicht in sich, sondern nur in der »Unendlichkeit« verwirklichen. Mit Kierkegaard nimmt Drewermann diese Dialektik aus der rein denkerischen Bewegung heraus und verlegt sie in den personalen Selbstvollzug des Menschen.

Volles Menschsein ist also unauflösbar an das absolute Vertrauen, das Ja des Glaubens vor Gottes Person-Sein gebunden. Drewermann zeigt dies in seiner Polemik gegen Heideggers Heroisierung der Endlichkeit und stellt dagegen Sartres Philosophie, worin die Sinnlosigkeit des nur-endlichen Daseins erbarmungslos enthüllt wird. Auf diesem Hintergrund gewinnt Religion als Vertrauen auf Gott einen tief menschlichen Sinn. Doch erst in der Offenbarung verbindet sich Religion, als Verankerung des Daseins in der Unendlichkeit des Göttlichen, mit dem geschichtlichen Dasein des Menschen, verbindet sich Ewigkeit mit Zeit, verbindet sich der umfassende Daseinssinn mit der Freiheit des endlichen Menschen: »Der Mensch lebte religionsgeschichtlich vor der Offenbarung Israels nicht als ›Subjekt‹, und er kannte auch nicht das, was Israel als erstes aller Völker als ›Geschichte‹ entdeckte: die endgültige Befreiung von der

Last der Vergangenheit (Erbsünde genannt; JS), die Entscheidungsmacht des Augenblicks (in der Hinwendung zu Gott; JS), die Hinordnung auf Zukunft und Verheißung (Befreiung, Versöhnung; JS), die absolute Bedeutung der Kürze eines Menschendaseins (daher die Würde jedes Menschen; JS). Im Umkreis der Mythen wie der Neurose gibt es keine ›Geschichtlichkeit‹; alles erstarrt darin vielmehr zu einer angsterfüllten *Gegenwart*, die von dem Schrecken und den Mächten der Vergangenheit vollkommen überlagert wird. Wie ein Neurotiker in endlosem ›Wiederholungszwang‹ die Ängste und Einstellungen seiner Kindheit repetiert, so sehen wir den Menschen in der Welt der Mythen gewisse Urzeitereignisse rituell immer von neuem aktualisieren; es *darf* hier geradezu keine Geschichte, keine Freiheit, keine Veränderung geben« (SB III, XXXIX). Ehe man Drewermann eine »Remythisierung« der biblischen Botschaft vorwirft, wie es viele tun – z. B. J. Brosseder in der »Orientierung« vom 31. 3. 92 – muß man solche, für Drewermanns Theologie grundlegende Aussage zur Kenntnis nehmen.

Mit Jesus Christus nun wird das absolute Setzen auf Gott und damit das Reifen zur personalen Freiheit noch einmal verstärkt und zu Ende geführt. Durch ihn und seine Auferstehung wird dem Menschen gewiß, daß Verheißung und Hoffnung (also die »unendliche« Erfüllung) nicht nur in den Nachkommen weiterleben, sondern daß er als individueller Mensch an der Zukunftsverheißung Abrahams teilhat: »Neu an der Religion des Christentums war also besonders das Erwachen der Freiheit des Menschen gegenüber den Mächten der inneren und äußeren Natur durch den Glauben an Christus, dessen Tod und Auferstehung die eigentliche Bestimmung im Leben jedes Menschen offenbarte« (SB III, 518). »Die Allmacht der Familien- und Sippenbande« (SB III, 558) ist endgültig gebrochen. »Das Alte Testament hat diesen Gedanken der Erlösungsbedürftigkeit des Menschen in seiner Radikalität so nie erfaßt und konnte deshalb mit Recht Volksreligion bleiben.

Man wird Jude durch Geburt, so im Alten Testament. Das Christentum ist es, das betont, daß jeder Mensch zu Gott zurückgeführt werden muß und prinzipiell von sich her diesen Schritt nicht tun kann. Darum kann niemand dem anderen diese entscheidende Erkenntnis, aus Angst zurückfinden zu einem tieferen Vertrauen, abnehmen. Das muß jeder einzelne im Gegenüber zu Gott lernen« (WH III, 41 f).

Auf diese Grundthese läuft also Drewermanns maßgeblich bleibendes Erstlingswerk hinaus: »Nur der Glaube an die absolute Person Gottes, der in dem Gottmenschen Jesus Christus erschienen war, ermöglichte es, die Synthese der Person festzuhalten und die *Angst* zu bannen, die den Menschen in die mythische bzw. neurotisch-psychotische Abhängigkeit von den Mächten des Unbewußten zurückzuziehen drohte oder ihn zwang, sein gefährdetes Ich in rigoristischer Einseitigkeit gegenüber dem Ansturm der Welt des Unbewußten geltend zu machen« (SB III, 533), ihn damit zum Untermenschen machte.

(d) Das letzte Zitat stammt aus dem wohl wichtigsten Kapitel der Trilogie: »Gibt es einen Unterschied zwischen Glauben und christlichem Glauben? (Zur Frage nach dem Verhältnis von Gnade und Natur, von Theologie und Mythologie)« mit dem »Exkurs: Die Mythenfeindlichkeit des Christentums, der Widerstreit der Konfessionen und die innere Zerrissenheit des Menschen« (SB III, 504–540). Drewermann geht hier den negativen Folgen der christlichen Überwindung der Mythen nach, die wiederum in Kierkegaards Theologie ihre äußerste Zuspitzung fanden. In den Mythen drückt sich aus, daß der Mensch in die Abläufe der Natur eingebunden ist. Die mangelnde Integration und gar die Unterdrückung dieses Anliegens haben nach Drewermann eine »neurotisch-psychotische Abhängigkeit« vom Unbewußten zur Folge; denn dort lebt diese bleibende Verflechtung des Menschen in der Natur. Der Mythos allerdings oder »die archetypische Welt ist in sich ambivalent wie alles, was in der Natur existiert. Er (sie) kann genauso Gesundheit wie Wahnsinn erzeugen, der Individuation dienen oder dem Verzehrtwerden in kollektiven Zusammenhängen. Es kommt sehr darauf an, daß die Welt der Archetypen integriert wird in der eigenen Person« (WH I, 187 f). »Dieselben Bilder können als Heils- wie als Unheilszeichen, als Rückschritte wie als Neuversuche gewertet werden, wie denn auch die christliche Allegorese, in richtiger Einschätzung dieser Ambivalenz, seit der Väterzeit gerade die Bilder der jahwistischen Urgeschichte zu den Bildern der Erlösung in Entsprechung gesetzt hat, indem sie den ›Baum in der Mitte der Gartens‹ mit dem Kreuz Christi, Eva mit Maria, Adam mit Christus ... parallelisierte« (SB I, XLIV).

Diese »Ambivalenz« der Mythen und ebenso die entsprechenden archetypischen Bewußtseinsgegebenheiten wurden in der Geschichte der Religionen durch den Sprung Abrahams (und nochmals neu und ganz anders durch Jesus Christus) in das vertrauende Ja zu Gott und damit in das eigene Subjektsein zwar grundsätzlich überwunden. Doch statt zu einer Integration kam es in der Geschichte des Christentums sehr bald zur totalen Negation der mythischen Welt und damit auch der Welt der Archetypen; die Tendenz wuchs, alles, was unterhalb der menschlichen Freiheit liegt, als »böse« abzustempeln. Aus der notwendigen Warnung vor der Absolutsetzung der Natur und der Vergötterung der Mythen, aus der Warnung vor der Reduktion des Menschen auf die archetypische Welt des Unbewußten wurde eine völlige Ablehnung ihrer Wertigkeit: »Die Verwerfung der heidnischen Mythen war gleichbedeutend mit einer Spaltung der menschlichen Psyche in Kräfte, die als göttlich (das personale Ja zu Gott und zur Offenbarung; JS), und solche, die als ungöttlich oder sogar widergöttlich galten (Mythen als Ausdruck des menschlichen Unbewußten; JS). Die Lehre von Christus mußte zwar nicht in der Praxis, wohl aber in der theologischen Reflexion von den mythenbildenden Kräften der menschlichen Seele losgelöst werden« (SB III, 522). Damit wurde schon sehr früh – Drewermann spricht vom zweiten Jahrhundert – die befreiende Botschaft Jesu in Gegensatz gestellt zum Reichtum der natürlichen Kräfte im Unbewußten und deren Objektivation im Mythischen; statt sie – wie es Jesus tat – aus ihrer Ambivalenz zu befreien, wurden diese Kräfte der äußeren (Mythen) und inneren (Archetypen) Natur aus der Religion verbannt. In seinen Büchern über den Krieg (KC) und über die Naturzerstörung des Menschen (TF) analysiert Drewermann diese Negativseite der Mythen-Überwindung durch Verteufelung (statt Integration) weiter; er möchte zeigen, daß die »Verteufelung« eines Gegners, die zum Kriege, und die »Unterjochung« der Natur, die zur ökologischen Katastrophe führt, in dieser mangelnden Integration des psychischen Unbewußten ihren Grund hat. Es ist hier nicht der Ort, dem nachzugehen.

Wohl aber soll noch einmal die in der Trilogie über die Strukturen des Bösen herausgearbeitete theologische These Drewermanns festgehalten werden: »Nur der Glaube an die absolute Person Gottes, der in dem Gottmenschen Jesus Christus erschienen war, ermöglichte, die Synthese der Person festzuhalten« (SB III, 533. Denn »erst der Glaube an Gott befähigt den Menschen, die Angst zu überwinden, die ihn daran hindert, sich ohne Verdrängungen und Verleugnungen in allen Teilen selbst zu akzeptieren und sich selber treu zu bleiben« (SB II, 538 f). »Die Mythen – sehr vereinfachend gesagt – enthielten, wie sie (die Kirchenväter; JS) zugeben mußten, an sich wahre Inhalte, nur in unwahrer, weil rein subjektiver, erfundener Form; zu ihrer Realität gelangten diese Inhalte erst in der geschichtlichen Gestalt Christi. Die Geschichte wurde damit zu dem entscheidenden Kriterium zwischen Mythos und Offenbarung erhoben; und das ganze Bemühen mußte bis in die Gegenwart darauf gerichtet sein, die Geschichtlichkeit der Offenbarung zu erweisen« (SB III, 523). Aufgabe der Theologie also sollte es sein, nicht die Inhalte der Mythen zu verteufeln, sondern ihre Bildaussagen mit der Geschichtlichkeit Jesu zu versöhnen und dadurch ihre Kraft in den christlichen Glauben zu integrieren.

Die Welt der Bilder

gibt Raum, um von Gottes Wahrheit betroffen zu werden

Zum ersten theologischen Streit mit Eugen Drewermann kam es wegen der zweibändigen Arbeit »Tiefenpsychologie und Exegese« (TE I und II). Mit ihr möchte Drewermann die aus Mythen und aus der archetypischen Welt des Unbewußten stammende Bilderfülle für die Bibeldeutung fruchtbar machen. Zwei fachtheologische Arbeiten versuchten eine mehr oder minder gelungene Auseinandersetzung (TD, Tk) mit den fast 1500 Seiten; auf eine von ihnen antwortete Drewermann so verletzend aggressiv, wie es ein Mensch tut, der in seinem Innersten verwundet ist (Fr).

(a) Mit diesen zwei Bänden hat Drewermann in der Tat einen Generalangriff gegen die herkömmliche Exegese gestartet: »Vom religiösen Irrweg der historisch-kritischen Methode – eine Standortbestimmung« (TE I, 23–28). Auch in vielen Interviews greift er mit oftmals starken Worten die Bibelwissenschaft in ihrer augenblicklichen Situation an: »Das erfahrungslose, seelenlose und schriftgelehrte Reden von Gott soll ein Ende haben« (WH I, 169–179). »Bloße Rationalität führt uns in die Wüste« (WH II, 164–181).

Man kann – wie mir scheint, ohne große Mühe – einseitige Berichterstattung und abwegige Argumentation bei Drewermann aufzeigen. So setzt er sich mit einer Exegese und Dogmatik auseinander, die schon Vergangenheit ist. In beiden Bänden werden z. B. die Brüder Lohfink nicht einmal erwähnt, und fruchtbare Neuansätze von evangelischer Seite (wie die Arbeiten von G. Theißen oder Kl. Berger) kommen nicht zur Sprache. Beim Überdenken eines Parade-Beispiels der Bibelauslegung Drewermanns – der Erzählung von der Heilung der blutflüssigen Frau inmitten der Geschichte der Erweckung der Jairus-Tochter (WH I, 86–99; Mk I, 366–375; TE II, 277–309; Fr, 42 ff) – müßten auch einem Nicht-

24

spezialisten Zweifel an der Gültigkeit dieser gekünstelten Exegese kommen.

Drewermann möchte eine inhaltliche Entsprechung der beiden Krankheitsgeschichten aufzeigen: »Die beiden Heilungen sind wie die linke und die rechte Hand aufeinanderbezogen: Die alte Frau – die junge Frau; die Heilung in der Menge – die Heilung in der Einsamkeit; daß die Frau sich zu Jesus drängt *gegen* das Gesetz – daß Jesus selber hingeht *gegen* alle Erwartung; daß die Frau *ihn* berührt – daß er selbst die Hand des Mädchens ergreift; daß die Frau sich bekennen *muß* vor der Menge – daß die Menge aber im Fall der Heilung der Tochter des Jairus das Wunder nicht verkündigen darf« (WH I, 95 f) Besonders die bewußte Zeitangabe von zwölf Jahren verschränke die beiden Geschichten auch inhaltlich, glaubt Drewermann. Das alles nun gibt ihm Anlaß zu einer exegetischen Ausdeutung: Beide Frauen verweigerten (unter dem Druck der allgewaltigen, fürsorglichen Vaterfigur) das Ja zu ihrem Frausein. »Ich habe Angst vor mir selber. Ich will keine Frau (bzw. kein Mann) werden, denn es ist etwas Unheimliches, Tierisches, Rohes und Unsittliches, eine Frau (oder ein Mann) zu werden. Lieber will ich ewig ein unschuldiges Kind bleiben, als auf diese Weise die Reinheit meiner Seele zu verlieren« (TE II, 300 f). Die wirkliche Exegese zeige also, »daß im Hintergrund auch des späteren Blutflusses eigentlich ein Mädchen gerettet werden muß, das den Tod förmlich herbeisehnt und herbeiruft, um sich die ›Reinheit‹ der Kindertage zu bewahren; die blutflüssige Frau ist gewissermaßen nur die vollendete Gestalt der Jairus-Tochter bzw. der verkörperte Alptraum ihrer Zukunft; und die Jairus-Tochter wiederum erscheint als das Kind, das die Frau war, ehe ihr Leiden begann« (TE II, 301). Folgerichtig muß die Heilung der verweigerten eigenen Fraulichkeit über körperliche Nähe und Berührung geschehen, durch den »Mut der verstohlenen Zärtlichkeit« (TE II, 285 f). Ähnlich bei der Jairus-Tochter: »Während von der Hand des Jairus der Tod ausging, gewährt die Hand Jesu das Leben. Es ist die gewiß schönste Kunst und das größte Wunder des menschlichen Lebens, wenn jemand einen anderen Menschen so an die Hand zu nehmen vermag, daß er dabei vom Tod zum Leben erwacht und sich seines neuen Lebens getraut« (TE II, 307). Ist das noch Bibeldeutung? Oder ist es Freudsche Psychoanalyse? Oder einfachhin Poesie, die zweifellos reizvoll ist, aber dem Text Gewalt antut?

(b) Doch mit solchen kritischen Fragen werden Kern und Bedeutung des Neuansatzes, den Drewermann erarbeitet, nicht getroffen. Im Gegenteil, mit dem Stichwort Poesie beginnt das eigentliche Fragen erst. Drewermann sieht nämlich im Bildhaften den Kern seines exegetischen Zugangs zur Schrift: Religiöse Inhalte lassen sich legitimerweise nur in Bildern, Symbolen, in Mythen und Träumen vermitteln. Kritisch geht er an gegen »die Zerstörung der Bilder oder: Den Rationalismus der Schriftauslegung« (TE II, 18 ff). Aufbauend hingegen hat zu gelten: »Als Mittel der Interpretation sind vor allem diejenigen psychischen Kräfte zu aktivieren, die von dem Verdikt des neuzeitlichen Objektivitätsideals am meisten betroffen wurden: die Fähigkeit eines traumnahen, bildernden und bildhaften Verstehens der Symbolsprache der wesenhaft *dichterischen* Aussageform der Mythen, Märchen, Legenden etc., sowie die Kunst, die einzelnen Erzählinhalte auf die *Gefühlsbedeutungen* für die verschiedenen Akteure in den Erzählungen selbst zu befragen« (TE II, 784). »Es gibt Wahrheiten, die kann man nur in der Form eines Mythos oder eines Märchens, einer Legende ausdrücken. Je religiös intensiver eine Erfahrung ist, desto weniger wird sie in der Sprache äußerer Fakten mitgeteilt, vielmehr wird sie symbolhaltig angereichert« (WH III, 40 f) Wir müssen zur Kenntnis nehmen, »daß die Wirklichkeit innen, die psychische Realität, sich kundtut in Form von Symbolen. Diese Wirklichkeit, die sich in Symbolen ausdrückt, ist diejenige, die uns Menschen wirklich und unmittelbar betrifft. Und nun wird man sagen müssen: Die Bibel tut eigentlich nichts anderes. Sie unternimmt es, die wesentlichen Bedeutungsinhalte historischer Erlebnisse so zu überlie-

26

fern, daß sie für alle Zeiten und an allen Orten Menschen zum Erlebnis werden können. Und ich schlage deshalb einfach vor, daß wir Texte, gerade die religiös wichtigen Texte, so lesen, wie wenn wir sie selber in der letzten Nacht geträumt hätten« (WH I, 80 f).

Dem, was vom biblischen Text mit Symbol, Bild usw. ausgesagt wird, muß auf der Seite des Lesers, auch des wissenschaftlichen, theologischen Lesers, persönliche Betroffenheit entsprechen; sonst bekommt er den eigentlichen Gehalt des Textes gar nicht im den Blick. Deshalb verlangt Drewermann eindringlich »ein Ende des objektiven Dozierens in Sachen Christentum, ein Ende des existentiell unbeteiligten, erfahrungslosen Redens über die Geheimnisse Gottes, ein Ende des neurotisierenden, weil in sich selber desintegrierten Sprechens über die ›Heilsereignisse‹ der ›eschatologischen‹ ›Basileia-Verkündigung‹ des ›prophetisch verkündigten‹, in paradoxer Weise in Knechtsgestalt erschienenen Gottgesandten und Gottessohnes Jesus von Nazareth.« Damit parodiert er die exegetische Literatur, »deren Spra che das Wort ›ich‹ nicht kennt, deren Sätze nicht ein einziges Gefühl beschreiben, deren Texte buchstäblich bilderlos, traumlos, phantasielos, emotionslos – einfachhin tot sind« (Fr, 32 f).

Inwieweit Drewermann damit seine Gegner trifft, darf hier außer acht gelassen werden gegenüber einer wichtigeren Frage. Er trifft nämlich das Problem jeder Begegnung mit einer Person und auch mit einem Text von persönlichem Gehalt. Die Psychoanalyse habe »gezeigt, daß menschliches Verstehen nur möglich ist als Dialog zwischen Ich und Du. Genau dasselbe müßte sich in der Theologie zeigen. Wir können von Symbol, wir können von religiöser Wirklichkeit, wir können von Gott nicht sprechen, ohne daß es dialogisch ist« (WH II, 179). Drewermanns Feststellung, daß dem »Objektivitätsideal der Theologie als Wissenschaft die neurotisierende Aufspaltung von Person und Amt in der Seelesorge sowie die neurotische Aufspaltung von Gefühl und Denken im Individuum« entspreche (Fr, 37 f), kann zeigen, daß dem

Rundumschlag seines Klerikerbuchs (Kl) wichtige psychologische Einsichten und Fragen zugrunde liegen; das erkennt etwa auch die faire Auseinandersetzung von Hillenbrand und Greshake (PH) an.

Hinter Drewermanns poetischer (Bildsprache des Textes) und tiefenpsychologischer (Betroffenheit des Lesers) Bibeldeutung steht also eine erkenntnistheoretische Grundeinstellung. Sie wird mit dem umfassenderen und auch tiefer führenden Wort »poetisch« leichter verständlich als durch den Begriff »tiefenpsychologisch«. Drewermann rührt nämlich mit seinem exegetischen Ansatz an das Dilemma, das Immanuel Kant in der »Kritik der reinen Vernunft« folgendermaßen formulierte: »Ohne Sinnlichkeit würde uns kein Gegenstand gegeben, und ohne Verstand keiner gedacht werden. Gedanken ohne Inhalt sind leer, Anschauungen ohne Begriffe sind blind« (B 75). »Solange es also an Anschauung fehlt, weiß man nicht, ob man durch die Kategorien ein Objekt denkt, und ob ihnen auch überall gar ein Objekt zukommen könne, und so bestätigt sich, daß sie für sich gar keine *Erkenntnisse*, sondern bloße *Gedankenformen* sind« (B 288). In der großen Scholastik formulierte man die entsprechende Einsicht mit dem Axiom der »Conversio ad phantasma« (Hinwendung zum Bild): Ein Erkennen kann nur entstehen in der »Hinwendung zum Bild«, zur Anschauung, zum Phantasma, d. h. zur sinnenhaften Vorstellung; und von dort her hat es inhaltliche Aussagekraft und ist nicht nur formale Gedankenspielerei.

Damit werden die Theologie und mit ihr der lebendige Glaube schon aufgrund einer sachlichen Überlegung vor eine doppelte Anfrage gestellt. Zuerst auf dem Boden der allgemeinen Erkenntnistheorie: Hat ein sogenannter reiner Begriff überhaupt Erkenntniswert? Muß er nicht stets vom Bildhaften getragen sein, um Inhalt, Aussagekraft zu haben? Selbst so abstrakte Begriffe wie Quantität, Länge haben nur über eine Raum-Anschauung und Schwere-Erfahrung Inhalt und Leben. Je weiter sich ein Begriff von der »Anschauung«, vom »Bild« entfernt, desto leerer, wirklichkeitsferner wird er. Aus dem Mont-Blanc wird ein Berg, aus dem Berg eine Höhenangabe, aus der Höhenangabe eine Zahlenkombination für den Computer, und dieser besteht nur noch aus digitalen Prozessen.

In neuer und intensiverer Weise wird das Verhältnis von Anschauung und Begriff zum Problem vor den Heilstatsachen Gottes. Gott übersteigt grundsätzlich den Bereich von Anschauung und Begriff – auch hier hat Immanuel Kants scharfer Verstand mit seiner Ideenlehre Wesentliches erkannt und niedergelegt. Die Frage lautet also jetzt: Wie kann ein Mensch, dessen Erkennen doch Anschauung braucht, diese an unsere Welt gebundene Anschauung so füllen, daß sie dem größeren Gott entspricht? Allein die Begrifflichkeit und das Denken können dies nicht leisten. Sie werden doch immer leerer, je weiter sie sich von der Anschauung, von der Empirie entfernen. Gott aber und auch die Sache Jesu in ihrer Heilsbedeutung übersteigen die empirische Anschaulichkeit ebensosehr wie die begriffliche Logik.

Was die begriffliche Sprache betrifft, so versuchen Theologie und Verkündigung sie in vielfältiger Weise biegsam zu machen für das Sprechen über Gott. Dies geschieht etwa mit Hilfe analoger Rede (d. h. der Begriff wird als der »Sache« zugleich ähnlich und unähnlich angesehen), der Übersteigerung (z. B. Gott ist ein Fels – aber noch ganz anders), der Paradoxie (in ihr werden logische Gegensätze vereint, wie es im Programm des Nikolaus von Kues heißt, Gott als Zusammenfall der Gegensätze), letztlich sogar einfachhin mit Hilfe der Negation wie in der negativen Theologie, dem Gipfel alles Denkens über Gott.

Doch der begriffliche Weg allein muß ins Abstrakte und Leblose führen. Er braucht eine »Anschauung«, die den Höhenflug des Begrifflichen begleitet. Ohne Anschauung werden die Begriffe inhaltsleer. Die Anschauung selbst kann aber keine solche sein, die dinglich an die Empirie gekettet ist; sie muß vielmehr eine solche sein, in der die Empirie überschritten, transzendiert wird, die auf Tieferes hinweisen kann, als die reine Empirie hergibt.

(c) Dies aber findet Drewermann in Träumen und Mythen, in Poesie und Märchen. Mit ihrer Anschaulichkeit entwirft der Mensch ein Reich der Sehnsucht über die reine Empirie hinaus. Und mit ihrer Hilfe integriert Drewermann den negativen, skeptischen Ansatz von Immanuel Kants Ideenlehre in ein umfassendes, positives christliches Denken hinein. Die Analyse der Angst als menschliche Grundbefindlichkeit bahnt ihm den Weg dahin. Darauf ist später noch zurückzukommen.

In den poetischen Träumen (und nicht nur im abstrakten Denken) zeigt sich, daß der Mensch im tiefsten Grund seiner selbst eine Sehnsucht nach Gott hat, die ihn sich über die empirische Welt hinausstrecken läßt. Kardinal Henri de Lubac hat dies »desiderium naturale in visionem Dei«, »natürliche Sehnsucht nach der Gottesschau« genannt. Karl Rahner sprach von »transzendentaler Erfahrung«. Die »Anschaulichkeit« dieser Sehnsucht findet Drewermann in der Poesie, im Mythos, in den Träumen, in den Symbolen. In den Mythen und religiösen Bildern der Religionen aller Völker hat sich die religiöse Uranlage des Menschen niedergeschlagen; in ihnen hat die unbewußte, aber sehnsuchtsvolle Welt der psychischen Archetypen Bild und Gestalt gefunden. Die von Gott geschaffene menschliche Natur stellt dem Menschen einen Schatz von »transzendierenden« Anschauungen zur Verfügung, die der (aus der gleichen Uranlage aufbrechenden) religiösen Begrifflichkeit Inhalt und Erlebniskraft geben.

Diese Welt der Anschauungsbilder aus dem Bereich der mythenbildenden Kraft der Religionen und aus der Sehnsuchtswelt der Traumbilder legt Drewermann zugrunde, um die Welt der Bibel in ihrer Heilsbedeutung zu verstehen. Er fragt also nicht (nur): Was hat sich damals ereignet, sondern: Wie kann ich glauben, mich treffen lassen vom biblischen Wort? Wie kann ein Mensch von heute die Bibel persönlich, ganzheitlich verstehen? Die »wissenschaftliche« Interpretation kann nur Material für das eigentliche Anliegen der Exegese bieten: die Bibel heute, das heißt existentiell und betroffen, zu verstehen. Das also gilt für den historisch-kritischen Umgang mit dem Text und auch z.B. für Kl. Bergers wichtiger Untersuchung über die »Historische Psychologie des Neuen Testaments« (1992). Trotz ihres Titels, der eine ähnliche Intention wie die Drewermanns vermuten läßt, bietet sie nur Material für Drewermanns Anliegen einer »tiefenpsychologischen Exegese« der Bibel. Dieses Anliegen wird zwar von vielen Bibelwissenschaftlern geteilt. Aber Drewermann insistiert darauf, daß das persönliche Betroffensein, dem er auf tiefenpsychologischem Wege nachgeht, vom ersten Ansatz an miteintreten muß in die Exegese, damit sie keinen Irrweg einschlägt. Denn nur das betroffene »Ich«, die »Augen des Herzens«, wie es von Gregor dem Großen über Pascal bis zum Kleinen Prinzen Saint-Exupérys (KP) heißt, vermögen das Wort und die Geschichte eines »Du« recht zu verstehen. Die Kampfschrift »An ihren Früchten sollt ihr sie erkennen« (Fr) ist eine breite, polemische Entfaltung dieser Hermeneutik. Mit dem Anliegen, das Subjektive, den eigenen Verstehenshorizont miteinzubeziehen in den wissenschaftlichen Diskurs, befindet sich Drewermann im Einklang mit vielen modernen Philosophen wie Gadamer, Apel, auch Habermas und manchen anderen.

(d) Wie Drewermann mit diesem hermeneutischen Grundsatz umgeht, darüber kann und muß man diskutieren. Daß dieser Grundsatz aber gerade für die Begegnung mit der Bibel maßgebend ist, dem sollte die exegetische Wissenschaft zustimmen. Drewermann auf jeden Fall meint: »Es ist nicht möglich, ein fremdes Du zu verstehen, ohne das eigene Ich dabei ins Spiel zu bringen und aufs Spiel zu setzen; und gerade weil die Psychoanalyse es im Umgang mit Menschen lernen mußte, die übernommenen Aufspaltungen ihres theoretischen Ansatzes zu revidieren, ist sie heute am besten geeignet, die derzeit vorherrschende Form der Bibelauslegung von der bloßen Textanalyse weg in ein Instrument persönlicher Begegnung umzuformen« (Fr,35f). Die Welt der Mythen und Träume gibt nach Drewermann das Instrumentarium für diese Umformung an die Hand.

Drewermann kann zwar auch feststellen: »Ich habe viele Einwände gegenüber manchen Tiefenpsychologen, die die Bibel lesen, ohne irgendeine Ahnung von der historisch-kritischen Methode zu haben.« (Anderswo nennt er auch Namen.) Aber dann fährt er fort: »Dann aber muß man ehrlicherweise zugeben, daß die historisch-kritische Methode für das religiöse Verstehen der Bibel viele Probleme offen läßt; zum Beispiel, daß die Brücke zwischen Jesus von Nazaret und dem Christus des Glaubens historisch nicht zu schließen ist« (WH I,172). Die Tiefenpsychologie »ist heute unerläßlich, um etwas äußerst Wichtiges zu erreichen: daß der latent atheistische Graben sich schließt, der aus der Subjekt-Objekt-Spaltung des neuzeitlichen Wissenschaftsmodells folgt: Der Graben zwischen Wissen und Glauben, Historie und Mythos, Denken und Fühlen, Wirklichkeit und Symbol, Mensch und Gott – historisch gewendet: zwischen der Gestalt Jesu von Nazareth und dem Christus der christlichen Verkündigung« (Mk I,106). Denn nicht das geschichtlich Feststellbare, sondern das Bildhafte entspricht dem »desiderium naturale in visionem Dei«. »Die Hermeneutik der Geschichte setzt voraus, daß man das *Typische* der Situation begreift und daß man die Geschichte nicht als ein notwendiges Vorstadium der Gegenwart, wohl aber als ein Bild des Immer-Gegenwärtigen betrachtet. Die Kunst der Interpretation der Vergangenheit liegt folglich darin, dieses Gegenwärtige zugleich in sich selbst und in dem anderen der Geschichte aufzufinden« (TE I,58). Für die Heilswahrheit der Bibel aber hat das »Typische« die Gestalt dieser mythischen und erträumten Bilder.

Hugo Rahner, den Drewermann unverständlicherweise abqualifiziert (TE I,32), hat dieses Anliegen schon vor Jahrzehnten aus seiner Sicht heraus theologisch sauber vertreten: »Die christliche Offenbarung wendet sich wesentlich an den Menschen, das heißt an ein geist-leibliches Wesen, das auch die jenseitigen Wahrheiten immer nur in der Sinngebundenheit von Wort und Bild und Geist ausdrücken kann, mithin gerade im Religiösen sich immer des Symbols bedienen muß. Die Bedeutungskraft der Symbole aber ist dem Menschen vorgegeben, wird nicht willkürlich von ihm konstruiert, ist folglich in ihren Urformen in jeder Religion vorhanden und gehört zu den Archetypen alles menschlichen Gottsuchens. – Hier liegt übrigens die theologische Begründung dafür, daß die Forschung C. G. Jungs in eine viel tiefer liegende Schicht der Gemeinsamkeit alles Religiösen hinabstößt, in die geheimnisvolle Welt der urmenschlichen Archetypen – die katholische Theologie würde sagen, in die allen Menschen gemeinsame, auf Gott hin angelegte Natur. Das Aufzeigen dieser archetypischen Gemeinsamkeit bedeutet mithin in keiner Weise eine Nivellierung von Natur und Offenbarung. Nur indem wir die reiche Differenziertheit dieses Gebildes (ein von ihm untersuchtes heidnisches Mysterium; JS) fest im Auge behalten, sind wir imstande, es mit dem ebenso klar gezeichneten Wesen des Christentums zu vergleichen« (JS II, 262).

Wie wichtig im Weltsystem Drewermanns dieser »bildende« und »bildhafte« Zugang des Menschen zur Weltwirklichkeit ist, zeigen seine schon erwähnten Arbeiten über die Ökologie und den Krieg (TF; KC). Krieg entstehe dort, wo die Einheit der Psyche zerrissen ist, wo sich zwischen der breiten mütterlichen Welt der Bilder, der Archetypen und der männlichen Ichhaftigkeit Konflikte und Spannungen ergeben und der Mensch die Freiheit gegenüber dem bildhaften Untergrund seines Wesens statt zur Integration dieses Urgrundes nur zu dessen Unterdrückung benutzt. Diese innere Feindschaft wird mit einer Konsequenz, die man nach Drewermann besonders an psychischen Krankheiten ablesen kann, auf den äußeren Feind projiziert, der daher auch kriegerisch zu bekämpfen ist. Auf ähnliche Weise verliert der Mensch in einem Ich-Werden, das bildlos ist und die Verbindung mit der archetypischen Welt verloren hat, auch den lebendigen Zugang zur Natur. Der Zwiespalt zwischen dem Ich und seinem archetypischen Bildergrund setzt sich fort im Zwiespalt zwischen Mensch und Natur.

Diese Diastase zwischen Bild und Ratio, zwischen archetypischer Welt der Mythen und biblischer Freiheit hat nach Drewermann schon im 2./3. Jahrhundert der christlichen Theologie begonnen; mit den heidnischen Mythen wurde damals auch deren archetypische Grundlage im Bewußtsein des Menschen aus dem christlichen Vollzug hinausgestoßen und so ein integraler Teil des Menschen desavouiert.

Man kann mit sehr viel Material auf die verschwommene Vagheit solcher Analysen hinweisen. So bewegt sich ja noch die mittelalterliche Bibeldeutung ganz und gar auf der Ebene der Bildhaftigkeit; H. de Lubacs vielbändige »Exégèse médievale« hat dies dargelegt, und der Germanist Fr. Ohly zeigt, daß vor Auftreten des Aristotelismus im 12./13. Jahrhundert die gesamte christliche Theologie bildhaft geprägt war (vgl. unten S. 129). Doch Drewermanns Angriff zielt auf die Situation der Kirche und der Theologie von heute; und da muß seine Analyse ernst genommen werden.

Der historische Jesus

– verleiht den »Bildern von Erlösung« Wirklichkeit

Es ist ein ironischer Zufall, daß Drewermann seine Auffassung über das Zusammenspiel von der mythenbildenden religiösen Kraft aller Menschen und Religionen mit der Einmaligkeit der geschichtlichen Offenbarung Jesu Christi an einem Kierkegaard-Zitat illustriert; es möchte ausgerechnet die biologische Jungfräulichkeit der Mutter Jesu verteidigen, die Drewermann selbst ablehnt, weil damit die Poesie des Bildverständnisses entwürdigt wird: »Wenn Matthäus schildert, daß Josef selber nur durch einen Traum belehrt werden kann, in welchem Zustand seine Frau ist, schließe ich daraus, daß die Art der Jungfräulichkeit gerade so ist, daß man sie nur im Traum mit Engbotschaft feststellen kann. All das sind Bilder, großartige Bilder« (Wo, 140.143). Doch Kierkegaard schreibt in seinen – Drewermann sagt mit Reserve »allerdings frühen« – Tagebüchern »einmal, daß es nicht angehe, das Christentum für eine Lüge zu halten, nur weil es inhaltlich mit den Erzählungen bestimmter Mythen verwandt sei: ›Der Satz, es könne nicht wahr sein, daß Christus von einer Jungfrau geboren ist, weil man etwas Ähnliches von Herkules usw. und in der indischen Götterlehre erzählt, was auch nicht wahr sei, ist doch verwunderlich; denn der umgekehrte Schluß scheint in gewisser Hinsicht richtiger zu sein: Gerade weil man es von so vielen anderen großen Männern erzählt, wo es nicht wahr gewesen ist, gerade deshalb muß es von Christus wahr sein; denn daß man es so oft gesagt hat, deutet auf den Drang des Menschen danach hin‹« (SB III, 535).
(a) Mit der bei Kierkegaard aufgezeigten Argumentation kann Drewermann den fundamentalen Vorwurf zurückweisen, der gegen seine Bibelausdeutung gemacht wird: Er reduziere die Erlösungstat Jesu Christi auf eine psychische Veranlagung in den Menschen aller Zeiten, er

»verpsychologisiere« den christlichen Glauben: »Drewermann gehe es nicht um die *theologische*, sondern um die *psychologische* Wahrheit biblischer Texte.« »Die Theologie ist verabschiedet, sie hat sich mit der Tiefenpsychologie zu einer modernen Gnosis verbündet.« (Fr, 47.54) Dazu Drewermann: »Den Vorwurf der ›Verpsychologisierung‹ der Theologie jedenfalls kann ich nur als krasses Mißverständnis meines wirklichen Anliegens (zumeist aus Mangel an Lektüre) betrachten« (Mk II, 731[14]). Ein solcher Vorwurf könnte sich zwar auf Sätze folgender Art stützen: »Je relevanter ein bestimmtes Ereignis in religiöser Hinsicht ist, desto unhistorischer im Sinn der modernen Kritik wird es überliefert« (WH I, 79). »Auf der Ebene der Archetypen allein zeigt sich wie in einer lingua franca aller Menschen die Gemeinsamkeit aller starken Gefühle. An dieses Ensemble ist anzuknüpfen, um die ewige Gültigkeit auch der religiösen Riten und Symbole zu verstehen« (TE I, 71). Doch in solchen Aussagen geht es Drewermann nicht um die Tatsachenwelt der Bibel – hier stellt er sich auf den Boden der Ergebnisse der historisch-kritischen Bibelforschung. Ihm geht es um eine erkenntnistheoretische Aussage: Die mythischen und psychologischen Bilder stellen das Vokabular und die Grammatik dar, in der sich der Glaube an Jesus als Gottes Heilsbringer ausdrücken muß, in der allein die göttliche Offenbarung verständlich werden kann. Man darf Drewermann daher nur aus dem Gesamt seines theologischen Entwurfs verstehen; und dort spielen Objektivität und Geschichtlichkeit eine unaufgebbare Rolle.

Grundlegend weiß Eugen Drewermann schon als Tiefenpsychologe, daß Heilung, Befreiung, Erlösung auch auf der therapeutischen Ebene letztlich nur im Dialog, vor dem Gegenüber eines »Du« gelingen kann: »Die Tiefenpsychologie hat gezeigt, daß menschliches Verstehen nur möglich ist als Dialog zwischen Ich und Du: ›Übertragung‹ und ›Gegenübertragung‹ lauten die analytischen Schlagworte dafür. Genau dasselbe müßte sich in der Theologie zeigen« (WH II, 179). Die Ebene der

Reflexion, des Vertiefens ins eigene Denken, in die eigene Psyche ist zu flach, um das eigentlich Menschliche zu erreichen. Die Ebene des wahren Verstehens wird erst mit der Ich-Du-Beziehung berührt. Damit aber tritt der Mensch aus dem psychischen Eigenleben heraus in die Objektivität, in die Raum-und-Zeit-Dimension der Geschichte.

Die Notwendigkeit einer Ich-Du-Beziehung, damit der Mensch Mensch wird, verstärkt sich im Verhalten zu Gott; besonders auch deshalb, weil der Mensch als ein Schuldiggewordener Gott begegnet. So ist es für Drewermann »die wichtigste Erkenntnis, die uns als theologische Einsicht von der psychoanalytischen Methode zufällt, daß Sünde in einem Mißverhältnis von Angst und Schuld der Menschen zu Gott besteht und daß dieses Mißverhältnis nur von Gott selbst gelöst werden kann dadurch, daß die Menschen ihre Versicherungsmaßnahmen als überflüssig erkennen, weil sie jenseits des sich immer neu wiederholenden und vertiefenden Grabens der Angst, des Mißtrauens, der Flucht, der Selbstvergötterung, der Schuld grundlos und unerwartet die Erfahrung machen können, trotz allem angenommen zu sein. Die Benutzung der Neurosenlehre erweist die Notwendigkeit, daß, wenn irgendwie Erlösung sein soll, sie von Gott selber kommen muß« (SB II, 586).

Die Spitzenaussagen vom gütigen, allmächtigen Vatergott, vor dem allein der in Angst (= Erbsünde) befangene Mensch Befreiung erfahren kann, nimmt Drewermann sowohl aus der Exegese von Gen 2–11 wie aus der psychoanalytischen Praxis: Der Mensch benötigt zu seiner Erlösung und Befreiung aus der Grundangst das Vertrauen in die unendliche Güte Gottes, der dem Menschen frei und schenkend gegenübersteht; denn »der Mensch ist inmitten seiner Angst den Kräften des Unbewußten hilflos ausgeliefert, solange er nicht im Gegenüber einer absoluten Person seine eigene Personalität und Freiheit zu riskieren vermag; ja, wir haben gesehen, daß die Personwerdung des Menschen ohne eine ausdrückliche Erfahrung der Personalität Gottes sich niemals hätte vollziehen können. Von daher gilt es immer wieder zu betonen, daß Gott *nicht* als Teil der Gesamtheit der menschlichen Psyche verstanden werden darf und daß es unbedingt erforderlich ist, jenseits der Meere des Unbewußten an ein anderes Ufer zu glauben, an dem Gott auf uns wartet« (TE II, 786).

(b) Auf dem Hintergrund solcher Einsichten muß auch die Rolle des »Du« verstanden werden, dem der Christ nach Drewermann in der Person des historischen Jesus begegnet.

In einem Interview setzt Drewermann sich mit den dogmatischen Glaubensaussagen über Jesus auseinander. Ein Student hatte gestanden, daß ihm das formulierte Dogma von Jesus leer geworden sei. Doch Jesus selbst sei ihm absoluter Halt in den Situationen der Lebensangst. Drewermann meint, damit drücke der Student genau den orthodoxen Glauben an Jesus Christus aus: »Es gibt für mich einen absoluten Bezugspunkt, an dem ich mich orientiere, etwas, wo ich mich geborgen fühlen kann; eine Stelle, an der ich mit all meiner Not Zuflucht finde« (WH II, 157).

In der Diskussion um Drewermanns theologischen Neuansatz sollte es nicht darum gehen, ob man die Glaubenswahrheit von Jesus Christus neu formulieren darf. Zu viele große Beispiele zeigen die Legitimität und auch Notwendigkeit solcher Versuche. Selbst Kardinal Ratzinger ist in seiner »Einführung ins Christentum« (JS II, 267) gar nicht so weit von Drewermann entfernt, wenn er Jesus Christus als den »exemplarischen Menschen« zu verstehen sucht; »gerade als der exemplarische, als der maßgebende Mensch überschreitet er die Grenze des Menschseins; nur so und dadurch ist er der exemplarische Mensch. Der Mensch ist um so mehr bei sich, je mehr er bei dem ganz anderen, bei Gott ist. Jesus Christus aber ist der ganz über sich hinausgekommene und *so* der wahrhaft zu sich gekommene Mensch.« Ein solch prominentes Beispiel macht deutlich, daß die Diskussion, ob ein solcher Neuansatz das Glaubensgut bewahrt, nicht bei bestimmten Begriffen wie Gottessohnschaft, Praeexistenz, Natur, Person hängenbleiben darf. Das Gespräch muß tiefer ansetzen, beim Lebensvollzug und bei der existentiellen Haltung, die sich in diesen Begriffen niedergeschlagen haben und die sich heute daraus ergeben.

Drewermanns Grundansatz verlangt, daß stets die Bildhaftigkeit, die »Anschauung« und damit das persönliche Betroffensein des Theologen und Christen mit eintreten in das Sprechen über Jesus. Und so schreibt er über Jesus: Seine »Gottessohnschaft beruht in einem Totalvertrauen gegenüber der Macht, der wir unser Leben verdanken und die Jesus ›Vater‹ zu nennen wagt. Daß, selbst wenn die Welt zugrunde gehen würde, alles, was in ihr ist, nie tiefer fallen wird als in die Hände Gottes: dieses Vertrauen kennzeichnet das Wesen Jesu, seine Sohnschaft. Alles weitere, was wir daraus entwikkeln, sind Ableitungen, Schlußfolgerungen, Vorstellungen nach unserem Maß – im übrigen sehr veränderbare« (WH II, 196) Jesus beweist es »in seiner Gestalt, daß Gott den ganzen Menschen angenommen und von Grund auf bejaht habe« (SB II, 34). »Jesus vermochte nur deshalb die Menschen von ›Dämonie‹ und Krankheit zu heilen, weil er in sich als eine psychisch integrierte Person in Erscheinung trat«, weil er »*jenseits* aller psychischen Ambivalenzen als *eindeutig* gütig aufgefaßt wird« (Mk II, 439[22]). Deshalb soll man nicht fragen: »Glaube ich in formalem Sinn Jesus als den Gottessohn, sondern: Ist er für mich die Stelle, an welcher der Himmel die Erde berührt, ein Stück von der Sonne mich selber durchströmt?« (WH II, 197).

(c) Drewermann liebt dieses Bild von Jesus als dem Ort, wo Himmel und Erde sich berühren. An ihm zeigt er auch den Unterschied Jesu zu religiösen Gestalten wie Buddha, der, wie R. Guardini schreibt, einzigen Person der Religionsgeschichte, die in sinnvoller und zugleich provozierender Weise mit Jesus verglichen werden könnte. »Aber im Unterschied zu *Buddha* etwa, kam Christus gerade nicht, den Menschen mit der Endlichkeit der Welt, mit dem Tod, zu versöhnen; wohl aber kam er, die *Todesangst* im Menschen zu überwinden, die den Menschen ›böse‹ macht, indem sie ihn nötigt, aus Angst vor dem eigenen Tod, die Sterblichkeit und Nichtigkeit des anderen zum Zwecke des Selbsterhalts zu instrumentalisieren« (Mk II, 675[4]). Jesus »kam« also nicht, um den Tod so zu besiegen, daß er kein Tod mehr sei, sondern nur ein Hinübergleiten aus einer scheinbaren Weltwirklichkeit, in der das Sterben sich abspielt, in die eigentliche, geistige Wirklichkeit, in der Sterben inexistent ist; sondern Jesus ließ den Tod Tod und damit die Weltrealität Weltrealität sein; aber er besiegte die Not der Todesangst, die den Menschen sich in sich selbst einschließen und gegen alles andere feindlich abschirmen läßt. »Buddha lehrte eine Selbsterlösung in dem Sinne, daß ein Mensch bis in die Tiefe hinein sich darüber klar sein kann, was sein eigenes Wesen ist und womit er in der Welt nicht identisch sein sollte, um seine Wahrheit zu finden.« Jesus aber löst die Welt mit ihrem Schmerz nicht in Schein und Unwahrheit auf, sondern er befreit den Menschen aus der Angst vor dem Tod, »die sich nur lösen läßt durch ein vorbehaltloses Vertrauen gegenüber Gott, den er seinen Vater nennt« (WH II, 137).

Wer sich je mit Darstellungen zen-buddhistischer Religiosität (D. T. Suzuki) oder verschwommenen Versuchen, sie christlich einzubürgern (Graf Dürckheim) beschäftigt hat, weiß, wie genau Drewermann in seiner Bildersprache das eigentlich Christlich-Jüdische herausarbeitet, hier in der Nachfolge von Theologen wie R. Guardini oder Religionsphilosophen wie M. Buber.

Für ein weiteres Gespräch über die Rolle Jesu Christi, das uns mit J. Werbick (We) notwendig zu sein scheint, ist es erforderlich, die von Drewermann immer wieder betonte und auch aufgezeigte Einmaligkeit des »historischen« Jesus im Blick zu behalten. Jesus von Nazaret ist »die Bestätigung, Vertiefung und Verdichtung all dessen, was als Bild und Erwartung, als Hoffnung und Wissen in die Seele der Menschen aller Zeiten und Zonen hineingelegt wurde, und nicht im Kontrast, nur in der

Synthese aller seelischen Kräfte des Menschen besitzt die Religion des Christentums Wahrheit« (Ba, 153).

Weiterhin ist die Gestalt dieser Synthese derartig, daß sie für das menschliche Verständnis eine Umkehr bedeutet. Mit Bischof Lehmann meint Drewermann: »Das radikal Neue des christlichen Glaubens geht nicht auf in der Bilderwelt der Menschheits- und Religionsgeschichte. Aber: Dieses Neue liegt auf der Ebene der Existenz, nicht der Lehre: es verwandelt eine Welt der Angst und der Verzweiflung in eine Welt des Vertrauens und der Zuversicht, und es befreit den Menschen allererst auch von (oder zu!) den Bildern, die er in der traumnahen Schicht seiner eigenen Psyche in sich trägt« (Wo, 427). Das bedeutet konkret, »daß auf ihn der Titel eines Gottes, also eines Gottessohnes, oder eines Königs und Machthabers überhaupt nicht zu passen scheint. Es gibt kaum eine menschliche Existenz, die so weit entfernt ist von jedem Machtanspruch, jedem Herrschaftswillen, jeder Verfeierlichung. *Das* ist einzigartig an der Person Jesu. *Das* ist der Punkt, wo wir ein Stück vom Himmel auf Erden berühren können« (Wo, 413). Es ist das, was die Bibelwissenschaft nach Paulus, »Kenosis«, Entleerung Jesu Christi »bis zum Tod am Kreuz«, nennt (Phil 2, 6–8).

»Dieses Widerspiel, daß der alte Bilderreichtum durch das Leben der Person Jesu völlig neu interpretiert wird, läge als das Exklusive, Neuartige, Wesentliche des Christentums vor Augen« (Wo, 422). In dem Brief, der nach dem so viel Anstoß erregenden »Spiegel«-Interview am 27. 1. 1992 wiederum im Spiegel abgedruckt wurde, schreibt Drewermann: »Ich glaube, daß die Person Jesu alle verfügbaren deutenden Bilder der Menschheit weit überstrahlt und in eine Wahrheit setzt, die sie so nie besessen haben« (Wo, 476).

Kreuz und Auferstehung Jesu Christi

– besiegeln die Botschaft seines Lebens

Das Ja zu dieser konkreten Welt mit der Bitternis des Sterbens wird von Jesus besiegelt durch sein eigenes furchtbares Sterben, und es führt mit der »leiblichen« Auferstehung, nicht aber durch eine Verneinung der Leiblichkeit, zu Freiheit und Erlösung. In der theologischen Diskussion wird das Gewicht dieses Fragens nach Tod und Auferstehung Jesu abgelesen am Schritt vom »historischen Jesus« zum österlichen »Christus des Glaubens« (TE II, 763), ein Kernproblem der historisch-kritischen Exegese. Ist die Identität des vorösterlichen Jesus mit dem nachösterlichen Christus nur mythologischer Traum, oder ist es die Realität Gottes in unserer Welt und für unsere Welt?

(a) Nach Drewermann ruht die Erfahrungsbrücke zwischen Tod und Auferstehung Jesu, zwischen Karfreitag und Ostern auf der Welt im Inneren des Menschen, auf seiner Glaubenserfahrung, nicht aber auf einer wissenschaftlich bewahrheiteten, gleichsam fotografischen Identität Jesu Christi. Damit ist also keineswegs die Tatsächlichkeit der Auferstehung in Frage gestellt, sondern nur die übergeschichtliche Ebene ihrer Wirklichkeit und damit auch die entsprechende Möglichkeit ihrer Erkenntnis aufgezeigt. Man muß Jesus lieben, mit ihm in Begegnung stehen, um ihn als den Auferstandenen zu erkennen. »Die eigentliche Notwendigkeit des historischen Moments des Christentums bzw. das theologisch unabdingbare Interesse an der Person Jesu liegt nicht in der soziologischen Kontinuität der Glaubenden (der Kirchengeschichte), sondern in der immerwährenden Beziehung dieses Glaubens zu der Wirklichkeit einer Person, die diesen Glauben begründet und verkörpert. Das ›historische‹ Problem der Bibelkritik ist, so betrachtet, analog zu dem ›Problem‹, vor dem jeder Mensch steht, der die Person des anderen liebt: er muß hinter

den Fakten, Gedanken, Mitteilungen und Verhaltens-
weisen die Person und die Liebe des anderen *glauben*,
und auf dem Weg dahin wird er die Person des anderen
träumen müssen, um sie zu lieben. Diese Träume sind
nicht willkürlich und ›rein subjektiv‹, sie bilden vielmehr die subjektiven Erkenntnisbedingungen, die Fen-
ster in der Mauer des Ichs, um den anderen in seiner Bedeutung, in seinem Gehalt und in seinem Wert zu erkennen« (TE II, 770[6]). Mit anderen Worten: Die Brücke
zwischen dem Jesus des Karfreitags und dem Christus
des Ostersonntags kann nicht von Tatsachenbeweisen
getragen werden, sondern nur von der Liebe, vom Vertrauen, mit dem ein Mensch Jesus begegnet.
In der Auseinandersetzung mit W. Marxsens Deutung
der Auferstehung wendet sich Drewermann gegen dessen Trennung zwischen »der Person und der Botschaft
Jesu«, womit gesagt sein soll: »Das ›funktionale Jesus-
kerygma‹« sei nach Ostern »in ein ›personales Christus-
kerygma‹ umgewandelt« und damit die Botschaft, das
Kerygma Jesu zum leibhaft auferstandenen Christus
uminterpretiert worden. Drewermann schreibt dagegen:
»Nicht die ›Funktion Jesu‹ ist das Entscheidende, sondern von Anfang an seine Person; sie erst ermöglicht das
Verständnis seiner Worte. Es geht entscheidend um das
Gegenüber einer Person, die imstande ist, den Selbstein-
schluß der Angst der menschlichen Existenz, im Feld
der Gottesferne wieder auf Gott hin zu öffnen. Und
dann wiederum gibt es keinen Zugang zu der Person eines anderen ohne die vermittelnden Schemata des Wün-
schens, Sehnens, Hoffens, Vorstellens und Träumens«
(Ba, 277 f[5]).
Dieser einzige Zugang zu einer »Person« lebt von den
Bildern, den Anschauungen. Auch um im »historischen
Jesus« den »Christus des Glaubens« zu erkennen, um
im Auferstandenen den Gekreuzigten wiederzuerken-
nen, braucht der Mensch die Bilder (Mythen – Träume),
»die Gott selbst in die menschliche Seele hineingelegt
hat, um sich darin zu offenbaren« (SB II, XXVII), die
Bilder der Sehnsucht und der Liebe, also die archetypi-

sche »Sprache« für Religion, für Heil. Er muß das Werden des Christentums aus der Botschaft des Verkündigers Jesus zum verkündigten Christus in seiner eigenen Innerlichkeit nachvollziehen; der Fixpunkt dafür ist die Person Jesu Christi: »Die Inhalte der Mythen, der Wunschträume der menschlichen Kollektivpsyche verbanden sich ein für allemal mit dem historischen Schicksal einer einzelnen Person, mit Jesus von Nazareth; denn darin lag der Anstoß, in Kult und Ritus *nicht* wieder in die Zonen der Massenpsyche zurückzutauchen, sondern sich als Individuum mit dem individuellen Schicksal Christi zu identifizieren und darin selbst seine eigene Persönlichkeit zu finden« (SB III, 520). Der Mensch muß mit den Bildern von Heil und Glück, die jeder im Herzen trägt, Jesus voll Liebe anschauen. Diese Ich-Du-Haltung ruht auf der geschichtlichen Realität dessen, von dem geträumt wird, in ihm findet der Mensch zugleich das Geschenk des Heils, das aus dieser Begegnung erfließt. »Der Glaube stützt sich in der Tat auf projektive Symbole, aber diese können nur im Feld eines personalen (historisch begründeten) Vertrauens in heilender Weise wachgerufen werden« (TE II, 771[7]).

Drewermanns Bibelauslegungen, seine Predigten und letztlich auch – in vorbereitender Weise – seine Märchendeutungen sind Versuche, die heilende Kraft der Bilder aus ihrer Ambivalenz zu befreien. Ganz gelingt das aber erst, wenn sie an der historischen Gestalt Jesu festgemacht werden. »Von der Person Jesu ging eine solche Güte und Wärme aus, daß all die Bilder des Heils, die in der menschlichen Seele angelegt sind, durch seine Nähe auf den Plan gerufen wurden, sich mit seiner Gestalt verbanden und sich zu einem Gesamtgemälde formten, in dessen Widerschein ein jeder Mensch die Wahrheit Christi zu erkennen vermag« (TE II, 768 f). »Er ist der einzige, der durch die Angst von Gethsemane unsere Angst auf Gott hin geöffnet hat, die absolute Person, die uns aus dem Kerker unserer selbst im Getto der Angst herausführen« kann. Das hebt ihn heraus aus allen »Gestalten der Religionsgeschichte« (Fr, 60 f).

Man sollte also »den biblischen Erzählungen zuhören, wie man seinem besten Freunde zuhören würde; mit einem ständigen Interesse nicht für die *Tatsachen* seiner Mitteilungen, sondern für den emotionalen Bedeutungsinhalt seiner Äußerungen« (TE II, 784). Und dann wird das Zweifach-Eine geschehen: 1. Die heilenden Kräfte der Bilder und Träume werden geweckt. 2. Sie werden durch die Begegnung mit Jesus aus ihrer Ambivalenz zur personalen Eindeutigkeit, zur Liebe befreit. »Die Gestalt des Jesus von Nazareth ist nicht die Widerlegung, sondern ganz im Gegenteil: die Bestätigung, Vertiefung und Verdichtung all dessen, was als Bild und Erwartung, als Hoffnung und Vision in der Seele der Menschen aller Zeiten und Zonen hineingelegt wurde, und nicht im Kontrast, nur in der Synthese aller seelischen Kräfte des Menschen besitzt die Religion des Christentums Wahrheit« (Ba, 153).

In solcher Weise legt Drewermann die neutestamentliche Geschichte aus. Er nimmt ihre Bildhaftigkeit ernst – so ernst allerdings, daß er oft das geschichtliche Fundament vergißt; dies nicht zuletzt deshalb, weil es – wie er glaubt – von der historisch-kritischen Exegese als unecht entlarvt wurde. Die Bildhaftigkeit aber bekommt in der Person Jesu Christi ihre eindeutige Gültigkeit. Jesu Gestalt ist so stark, »daß sie imstande gewesen sein muß, ein Klima zu schaffen, in dem im Verlauf von Jahrhunderten all die Bilder ins Leben gerufen wurden, in denen allein ein Mensch den Weg seiner Ganzwerdung zu finden und von Gott in den ewigen Symbolen der Religion auf heilende Weise zu träumen vermag« (TE II, 770). An der Gestalt Jesu erfährt der Mensch auch das, was die geschichtliche Rolle des Christentums ausmacht, nämlich die Entdeckung der Personalität: »Der Mensch ist nicht ein Etwas an seinen Trieben (wie ›Gott ein Etwas an der Natur‹ sein soll; JS), sondern ihr freier Lenker und Gebieter (wie Gott ›freier Herrscher und Schöpfer‹ der Welt ist; JS)« (SB III, 519).

Entscheidend nun ist aber, wie Drewermann mit dieser Hermeneutik an die Fundamente des christlichen Glau-

45

bens, an Jesu Tod und Auferstehung herantritt; wie er also die »Personalisierung des Archetypischen« (TE II, 837) in den Zentralthemen des Glaubens versteht.

(b) »Ich sehe die Kreuzigung abhängig von dem Faktor Angst und verstehe das Geschehen am Karfreitag, vor allem Getsemani und die furchtbare Kreuzigung selber, im Unterschied zu allem, was in anderen Religionen vorkommt. Ich sehe die Kreuzigung als die äußerste Antwort auf das, was man sagen muß, herausgefordert von aller Zerstörungsarbeit des Hasses, der Unbarmherzigkeit, der Rechthaberei und der Schikane, wozu man stehen muß, um vor Gott zu sein. Die Auferstehung heißt für mich zunächst auch und wesentlich, daß es sich nicht lohnt, vor Menschen Angst zu haben. Diese Botschaft muß standhalten auch auf Golgota, und dafür brauche ich nun tatsächlich die Vision der Auferstehung: daß es ein Leben gibt, das Menschen nicht kaputtkriegen, weil es bei Gott steht – nicht nur im existentiellen Vollzug, sondern seinsmäßig, ontologisch, ewig« (WH II, 94).

Das Kreuz Jesu bedeutet also, daß hier ein Mensch bis in die letzte körperliche und – wenigstens in der Intention – psychische Vernichtung durch andere Menschen sein Vertrauen zum lebendigen Gott durchgehalten hat; und daß er damit für ein Leben bürgt, das stärker ist als die Vernichtung des Todes – »seinsmäßig, ontologisch, ewig«.

Im Markuskommentar entfaltet Drewermann diese Sicht: »Kein Mensch kann in der Bodenlosigkeit der Angst sich selber und anderen gut sein; er muß vielmehr mit allen Mitteln um sein pures Überleben kämpfen« (Mk II, 628) Doch diesen Bann, diese Notwendigkeit der Angst hat Jesus durchbrochen: »Das ist das Allerwichtigste: daß Jesus in das allgemeine Zwangsgesetz der Angst nicht eintaucht. Er hat eine andere Grundlage seines Lebens, die ihn außerhalb der Menschenfurcht stellt und es ihm erlaubt, allein danach zu fragen, was vor Gott gilt und was im letzten richtig ist« (Mk II, 634). Man versteht die Bedeutung, die Drewermann dem

Kreuzestod Jesu zumißt, nur recht auf dem Boden seiner theologischen Psychologie der Angst. Das »Zwangsgesetz der Angst«, das Jesus mit seinem Kreuzestod durchbrach, ist die Grundbefindlichkeit des Seins-ohne-Gott und steigert sich eben deshalb in ein Sein-Wollen-wie-Gott; denn der Mensch sucht »Unendlichkeit«, um er selbst zu sein – entweder in der vertrauensvollen Anlehnung an den »unendlichen« Gott oder in der hybriden Übersteigerung seines »Gotteskomplexes«. Mit letzerem ist das umschrieben, was in der Theologie den nach H. U. v. Balthasar mißverständlichen Namen Erbsünde trägt und dessen existentielle Gestalt »Angst« ist, die der Mensch wie eine Mauer um sein Selbst zur Absicherung hochziehen muß, solange er nicht in Gottes Unendlichkeit seine Gewißheit verankern kann.

Die Erbsünde als »Zwangsgesetz der Angst« aber hat Jesus durch sein Vertrauen auf Gott, das er auch in der Dunkelheit des Kreuzes bewahrt, überwunden: »Wenn man den Gott des Karfreitags als eine Chiffre der Erlösung verstehen will, so muß man unbedingt statt theologisch *psychologisch*, vom Menschen statt von Gott her, argumentieren. Es kommt darauf an, das Drama der Kreuzigung als *ein Psychodrama der Heilung*, als eine symbolisch-stellvertretende Durcharbeitung der verdrängten Gefühle von Haß, Zerstörung und Rache zu verstehen« (Mk I, 71).

Die erbsündliche Notwendigkeit, in dieser Todesnot sich angstvoll abzusichern und die anderen als potentielle Feinde zu hassen, hat Jesus zerbrochen. Ebenso universal-notwendig, wie es die Erbsünde war, ist nun auch die Tat Jesu; d.h., sie ist von absoluter, alles umgreifender Bedeutung. Diese Absolutheit aber gründet nicht in einer Willkür-Setzung Gottes; sie ist das Widerspiel der Angst, die als eine Grundbefindlichkeit alle Menschen umfaßt hat.

Aus einer solchen Sicht heraus polemisiert Drewermann scharf gegen die, wie er glaubt, überkommene Erlösungslehre. Danach habe nämlich Gott, um seine unendliche Ehre wiederherzustellen, ein unendliches Opfer verlangt, nämlich den grausamen Tod des »unendlich« wertvollen Gottessohnes. »Was für ein Moloch von Gott braucht denn solche ›Sühnopfer‹? Kann die Menschheit nur erlöst werden, indem ein unendlich beleidigter und zürnender Gott durch das stellvertretende Opfer seines Sohnes am Holz des Kreuzes versöhnt wird?« (Mk I, 65 f).

An dieser Stelle stößt man wiederum auf eine der verwunderlichen Einseitigkeiten in Drewermanns Argumentation. So wie er diese sogenannte »anselmsche« Erlösungstheorie darstellt, wird – besser: wurde – sie nur von wenigen, schwachen Theologen vertreten. Drewermann selbst zitiert Beispiele für andere Deutungen. Auch Anselm von Canterbury hat vor 800 Jahren differenzierter gedacht; H. U. v. Balthasar hat es in seiner Theodramatik gezeigt. Man fragt sich auch, warum Drewermann eine solche, von ihm gebrandmarkte Opfertheorie grob wörtlich nimmt und deshalb leicht verwerfen kann, statt sie mit tiefenpsychologischer Hilfe in ihrer Symbolkraft zu deuten. Man hätte sich gewünscht, daß er in der Deutung der Opfertheorie vom Kreuz stärker Bezug genommen hätte auf sein Büchlein über »Symbol von Baum und Kreuz in tiefenpsychologischer Betrachtung«, das wichtige Überlegungen zur Religionsphänomenologie des Opfers enthält. Könnten nicht auch Überlegungen über »die Tragik Gottes« (PM I, 71) zu einem besseren Verständnis dieser notwendigerweise bildhaften anselmschen Erlösungstheorie verhelfen? Kann man nicht auch und gerade zum Phänomen von Angst und Schuld sagen: »Diese Form des Tragischen ist ein Teil der Schöpfung selbst, und sie ist zutiefst eine Tragik des Schöpfers« (PM I, 77)? Der Kreuzestod Jesu Christi als menschliche Gestalt der »Tragik Gottes« und Teilhabe Gottes an der menschlichen Tragik – das käme der gescholtenen Erlösungstheorie Anselms recht nahe und würde überdies ein Thema der Herz-Jesu-Mystik aufgreifen.

Doch man wird Drewermanns Polemik gegen diese Opfertheorie erst recht würdigen können, wenn man die

Rolle kennt, die diese gebrandmarkte »Opferhaltung«
(Mk I, 72[46]) in seinem »Psychogramm des Klerikers«
(Kl) spielen soll. Schon dem von ihm verehrten Kierkegaard wirft Drewermann dieses Opferdenken als schlim-
men Irrtum vor; der Däne habe von solchen Voraussetzungen aus die Natur in ihrer »mythischen« und »archetypischen« Gestalt abgelehnt, statt sie zu integrieren.
»Es ist, als wenn für Kierkegaard nur das Bild eines Gottes übriggeblieben wäre, der – aus Liebe (wie bei Abra-
ham; JS) – die Tötung seines Kindes verlangt und vor allem darauf bedacht ist, nach Möglichkeit jeden Gedanken an eine gottwohlgefällige Heirat zu verbieten«
(SB III, 510). Drewermann spielt hier an auf Kierkegaards Bruch mit seiner Braut. Doch »die Herausforderung Kierkegaards verlangt nichts weniger als eine
Überprüfung der christlichen Botschaft in ihrem Kern-
gehalt: der Lehre vom Tod und Leiden Christi«
(SB III, 511).
In der ganzen Argumentation gegen die »Opfertheorie«
des Todes Jesu scheint Drewermann seinen Grundansatz des Bild-Verstehens vergessen zu haben; er legt
nämlich solche Theorien über den Opfertod Jesu, die
schon in den paulinischen Schriften beginnen, nicht in
ihrem Symbolcharakter aus, sondern versteht sie in ra-
tionalistisch-historischer Eindeutigkeit.
(c) Schon von der Sache her muß die Erfahrung der Auferstehung Jesu Christi stärker durch das Bild-Denken
geprägt sein als die Erfahrung des brutalen Geschehens
der Kreuzigung. »Das Geheimnis der Auferstehung läßt
sich nicht äußerlich ›feststellen‹, man kann es nur glauben, und es läßt sich nur mitteilen in Bildern und Symbolen. Die Wirklichkeit des Ostermorgens kann man nur
mit den Augen des Herzens wahrnehmen, denn alles,
was uns leben läßt, entstammt dem unsichtbaren Raum
der Ewigkeit; und *Frauen* scheinen seit altersher die
berufenen *Priesterinnen* dieser Geheimnisse« zu sein
(Mk II, 699 f). Was sie mit ihrem durch die Augen des
Herzens geleiteten Blick erkannt haben, gilt für jeden
Menschen: »Nur wer die Person und das Wort Jesu auf

eine Weise an sich selbst erfahren hat, daß es für ihn zur *Auferstehung* wurde, wird glauben können, was die Frauen sagen; ihre Erfahrung beschreibt, wie unser Leben sich wandeln kann von dem ewigen Gang zu den Gräbern in einen Wallfahrtsweg nach ›Galiläa‹; sie dient der endgültigen Versicherung, daß auch der Tod diesen absoluten Wendepunkt (von den Gräbern Jerusalems zum galiläischen Frühling; JS) unserer gesamten Lebenseinstellung nicht zu widerlegen vermag« (Mk II, 706–708).

Das Buch »Ich steige hinab in die Barke der Sonne« (Ba) stellt eine oft dichterisch schöne Hinführung zu der Begegnung mit dieser Auferstehungsbotschaft dar. Es sind Gedanken, die dichter und reflektierter schon in »Tiefenpsychologie und Exegese« (TR II, 511–541) vorgestellt wurden und im Markuskommentar sich wiederholen. Man mag die dort niedergelegte Darstellung für schwärmerisch und daher einseitig halten. Wurde nicht die ägyptische Religion, die Drewermann preist, in einer Sklavenhaltergesellschaft gelebt? Man mag das später auch getrennt veröffentlichte Nachtrag-Kapitel: »Hoffnung für die leidende Kreatur oder: Das Postulat von der Unsterblichkeit der Tiere« (Ba, 228–247. 302–305) als eher sentimental denn sachlich einschätzen: »Man mag darüber debattieren, welchen Lebewesen man frühestens eine ›Sehnsucht nach ewigem Sein‹ zusprechen könne oder nicht; wenn aber das ›Hauptargument‹ für jede Hoffnung auf ewiges Leben die Liebe ist, dann wird man sagen müssen, daß spätestens dort, wo es so etwas gibt wie individuelle Brutpflege und Mutterliebe, auch subjektiv eine erste Ahnung von der Macht gefühlt und empfunden wird, der wir alle unser Dasein verdanken; spätestens von dieser Stufe an gibt es, so gebrochen auch immer, so etwas wie *ein Anrecht auf Unsterblichkeit*« (Ba, 240).

Ein solches Argument für die Unsterblichkeit der Tiere kann zeigen, wie selbstverständlich Drewermanns christlicher Glaube an die Auferstehung ist. Die Frage nach der Bedeutung des »leeren Grabes« und damit auch der »Leiblichkeit« der Auferstehung muß auf Grund des Standes der heutigen katholischen Exegese demgegenüber als nebensächlich eingestuft werden. So schreibt Joseph A. Fitzmyer in seinem Kommentar zu dem offiziellen Dokument der päpstlichen Bibelkommission (JF, 227): »Beachtenswert ist, was die Kommission in diesem Paragraphen über die ›Auferstehung Christi‹ sagt – beachte: nicht die Auferstehung Jesu! –: ›Von ihrer eigenen Natur her kann sie nicht auf irgendeinem empirischen Weg bewiesen werden‹, d. h. sie ist nicht Gegenstand von *Historie* oder der wissenschaftlichen Forschung eines Historikers zugänglich«; sie bezieht sich, wie Fitzmeyer mit dem Ausrufezeichen andeutet, auf den Christus des Glaubens.

Was Drewermann nun in der »Barke der Sonne« und anderswo versucht und was oft mißverstanden wird, baut auf dieser vorausgesetzten Grundlage auf und will ein Doppeltes:

– die Auferstehungshoffnung vom abstrakten Fürwahr-Halten und von der kalten Lehre in die Vorstellungswelt der Poesie und der Träume, in die Erfahrungs- und Sehnsuchtswelt hinein erheben, in der allein die abstrakte Lehrwahrheit der Theologie Lebenswert für die Menschen von heute bekommt.

– dem Auferstehungsglauben damit die Rolle für das gelebte Leben noch in dieser Zeit zurückgeben, das meint den Mut, zu lieben gegen die Angst, gütig zu sein gegen den Egoismus und zu hoffen gegen die Verzweiflung.

»Auferstehung ist die Hoffnung, die Jesus lehrte, im Vertrauen auf Gott den Tod als Daseinsmacht menschlicher Angst zu besiegen, so daß denjenigen, die an die Wahrheit seines Lebens und seiner Person zu glauben beginnen, das eigene Leben und die eigene Person als etwas Unzerstörbares zurückgeschenkt wird« (TE II, 700[6]).

Drewermann legt Wert auf die Feststellung: »Die Botschaft des Christentums hat dem Glauben der Menschheit an die Unsterblichkeit des Lebens inhaltlich keine neuen Erkenntnisse hinzugefügt; es enthält in seinen Lehren bzgl. dieser Fragen durchaus nichts, was nicht in den Anschauungen vor allem der alten Ägypter Jahrtausende früher bereits vorgebildet gewesen wäre.« Nicht inhaltlich, sondern existentiell verdichten sich im Christentum die Sehnsüchte der Religionen: »Allerdings ist gerade diese Konzentration und ›Vereinfachung‹ von außerordentlicher Bedeutung für das Selbstverständnis des Menschen. In ihr kommt zum Ausdruck, daß der Glaube an ein ewiges Leben nicht nur ein frommes Meinen und Hoffen bedeutet, sondern daß er sich auswirkt in einer grundsätzlichen Neuwerdung der menschlichen Personalität, auf eine Weise, wie sie derartig radikal und integral zuvor niemals bestand« (BA, 155).

Nicht weniger, nicht anders, sondern lebendiger, »verdichteter«, existentieller ist die christliche Auferstehungshoffnung (soll sie sein!) gegenüber den Träumen der Menschheit. Nach einer Umfrage »glaubten etwa 60 Prozent der bundesrepublikanischen Bevölkerung an irgend etwas, an irgendeine Art von höherem Wesen und Weiterleben. Das ist noch weit entfernt von den christlichen Vorstellungen darüber.« Denn das Neue Testament schöpft aus der Zukunftshoffnung Kraft für die Gegenwart, und diese Kraft ist es, die eine existentielle, erfahrungsdichte Brücke zum Jenseits der Ewigkeit schlägt: »Das Sterben ist (anders als für die Tiere; JS) für den Menschen ein Problem, und zwar einzig deshalb, weil wir Menschen einander intensiver zu lieben vermögen als jede andere Spezies. Nur die Liebe macht Menschen in ihrer Individualität unveräußerlich wesentlich ... Dies zu glauben: daß wir nicht allein sind im Tod und daß wir erwartet werden am anderen Ufer, ist das, was wir lernen sollten aus der Kraft der Liebe« (WH II, 187–190). Nur und gerade in dieser Liebe lebt die Auferstehungshoffnung und zeigt sie ihre existentielle Wahrheit.

Auf dem Hintergrund dieses Verständnisses von Auferstehung wird die leider hochgespielte Diskussion: »leibliche« Auferstehung ja oder nein?, hinfällig. Denn was anderes ist existentiell unter »leibhafter« Auferstehung und Weiterleben nach dem Tode zu verstehen als diese Kraft der Kommunikation? H. Plessner hat dies in seiner »Philosophischen Anthropologie« (1970) erarbeitet, und J. B. Metz schreibt im »Lexikon für Theologie und Kirche«: Leib ist »jener ›Ausdruck‹, in dem der Mensch aus sich selbst ›heraustritt‹; er ist das Da-sein, die ›Urhandlung‹ (G. Siewerth), das ›Wort‹ (H. E. Hengstenberg), das ›Symbol‹ (K. Rahner), die ›Exkarnation‹ (H. Conrad-Martius), das ›Wesensmedium‹ (B. Welte) usw. des Menschen. In ihm begegnet nie bloß ein stoffliches Aggregat, sondern die gesammelte Erscheinung des einen und ganzen Menschen« (VI, 903). Drewermanns manchmal provozierende Äußerungen zur leiblichen Auferstehung Jesu und damit aller Menschen könnten helfen, zu einem tieferen Verständnis des Lebens nach dem leiblichen Tod zu gelangen, einem Verständnis, das weder dem Leib-Seele-Dualismus des Descartes noch dem der Reinkarnationslehren verhaftet ist (Leib als ein Kleid, das man bei jeder Wiedergeburt wechselt).

Die Angst

– öffnet die menschliche Erfahrung zur Theologie

Ein, wenn nicht gar das Schlüsselwort der Theologie Eugen Drewermanns, das in unseren bisherigen Ausführungen ständig präsent war, heißt Angst: »Wie der Mensch, wenn er sich von Gott trennt und nur noch ein Wesen der Angst ist, sein eigenes Leben und die Natur ringsum im Zerrspiegel der Angst nur noch als Chaos wahrzunehmen vermag – das eigentlich ist das Problem, auf das das Christentum eingehen sollte« (WH I, 9). »Es ist die Kernthese dieser Arbeit (der ›Strukturen des Bösen‹; JS), daß der Jahwist zu Recht den Menschen als ein Wesen kennzeichnet, das notwendig von *Angst* heimgesucht wird und in dieser Angst notwendig ins Böse gerät, es sei denn, daß es von der verheerenden Dynamik seiner Daseinsangst im Vertrauen auf Gott erlöst wird« (SB III, XIII). Auch die »kritische Hinführung« Gregor Fehrenbachers (»Drewermann verstehen«) spricht von der »Angst als Schlüsselbegriff« (GF, 202).

(a) Drewermann selbst hat eine hilfreiche lexikographische Zusammenfassung seiner Auffassung von Angst gegeben (NH I, 17–31), auf die wir uns im folgenden hauptsächlich stützen werden. »Das Thema der Angst« sei zentral für »fünf verschiedene Wissenschaftsgebiete und Methoden: die Biologie, die Verhaltensforschung, die Psychologie, die Existenzphilosophie und die Theologie«. Der »so wichtige Begriff der *Daseinsangst*« ist nämlich schon im Vormenschlichen »evolutiv durch bestimmte Grundsituationen des Angsterlebnisses thematisch vorgeprägt«. Vier Grundtypen lassen sich schon im Tierreich ausmachen: Die Schuldangst, die Verarmungs- und Verhungerungsangst, die hypochondrische Angst vor den Grenzsituationen des Lebens wie Krankheit, Alter und Tod, die Segregationsangst vor psychischer wie sozialer Vereinsamung.

Im Menschen sind diese Ängste gebündelt und leben in

neuer, existentieller Form weiter: »Es ist *der Geist*, der alle Angst der Kreatur ins Unendliche treibt und nur zur Ruhe kommen läßt, wenn es eine religiöse, aus dem Unendlichen kommende Antwort auf die einfache Frage gibt: Warum es uns gibt und warum es überhaupt etwas neben uns gibt?« Das zwingt zur »radikalen Entscheidungsalternative zwischen der ›Selbsterlösung‹ der technischen Machbarkeiten oder der Rückgewinnung eines Vertrauens, das die Angst transzendiert in Richtung des Ursprungs.«

Schon die Psychoanalyse ist hierbei hilfreich. Sie zeigt nämlich, daß »alles Unheil der menschlichen Psyche der Angst des Menschen entstammt« (SB III, LXXVIII). Und damit verknüpft sie die wichtige Erkenntnis, daß »ein Mensch nicht einfach vor dem Tod Angst hat, sondern, weit stärker, vor dem Verlust der Liebe von Menschen, die als lebensnotwendig erachtet werden.« Sie verweist zugleich damit auf die Gesprächssituation, in der die Befreiung aus der Angst ansichtig werden kann. Doch »in ihrer weitgehenden Ablehnung des Religiösen gerät die Psychoanalyse notgedrungen in Gefahr, ihrerseits eine Form der Abhilfe menschlicher Not zu propagieren, die den Menschen unter Umständen gleichermaßen mehr verkürzt als reifen läßt« (SB III, LXVIII). »Mir graut vor einer Zukunft, in welcher eine Gesellschaft existiert, die religiöse Fragen schlechterdings nicht mehr versteht. Das ist mein *wirkliches* Problem« (Wo, 375).

Erst die Existenzphilosophie nimmt ernst, daß »die Angst nicht nur von außen an den Menschen herantritt, sondern *wesentlich* zum Menschen gehört; sie ist der subjektive Reflex der Tatsache, Bewußtsein zu haben und frei zu sein« (SB III, LXXVIII). Damit potenzieren sich alle vorpersonalen Züge der Angst: Mit dem Vollzug der Freiheit steht der Mensch »vor seiner schwersten Herausforderung, vor der *Möglichkeit,* sich selbst als Ganzes zu verfehlen.« Die Struktur der Freiheit stellt nämlich eine »Synthese aus Endlichkeit und Unendlichkeit, Notwendigkeit und Möglichkeit« dar. D.h.: Aus der *unendlichen* Weite der *Möglichkeiten* muß der Mensch *notwendiger*weise eine *endliche* Entscheidung auswählen und damit seine *unendliche* Weite verraten. An dieser *unendlichen* Angst vor den nur *endlichen* Möglichkeiten der Entscheidung scheitert die Entscheidungsfreiheit und gebiert Unfreiheit, Abhängigkeit, Neurose. Drewermann greift in diesen Analysen immer wieder auf die abstrakte, von Hegels Philosophie geprägte Sprache Kierkegaards zurück.

(b) Diese Situation des Menschen nennt die kirchliche Tradition Erbsünde. Drewermann hat es an der jahwistischen Urgeschichte analysiert. »Die Schlange des Nichtseins (Gen 3,1), dieses Ursymbol der Kontingenz und der Angst, verführt den Menschen *aus Angst* dazu, in wahnhafter Weise ›wie Gott sein‹ zu wollen – so selbstverständlich existierend wie das An-sich-Sein des endlichen Seienden, so aller Unzulänglichkeit und Unberechtigtkeit enthoben wie das Sein des Unendlichen, so vollendet und notwendig wie der Grund der Dinge und so schöpferisch frei wie der Schöpfer der Welt.« Solange die Daseinsbrüche, die die Diskrepanz zwischen ersehnter Unendlichkeit und tatsächlicher Endlichkeit hervorbringt, nicht integriert sind, »solange die Angst des Daseins nicht wirklich überwunden ist«, gibt es das »Paradox der menschlichen Existenz, *schuldig* werden zu *müssen.*« Denn jede Entscheidung kann aus den unendlichen Möglichkeiten nur eine einzige, nur in endlicher Weise auswählen und diese zur Unendlichkeit aufblähen. Damit ist der Drang menschlicher Freiheit nach wahrer Unendlichkeit in sich selbst zerrissen. Erst mit der grundsätzlichen Bindung der menschlichen Freiheit an die Unendlichkeit Gottes, also im Grundvertrauen auf Gott, kann diese Angst sich auflösen. »Der Mensch muß durch Glauben erlöst werden, ehe er jenseits der Angst im Besitz seiner selbst zum Guten fähig wird.« Das menschliche Ja zur eigenen Endlichkeit, die Unendlichkeit will, muß in dem Ja gründen, das aus Gottes Ja zur menschlichen Endlichkeit stammt, um die Zerrissenheit heilen zu lassen.

Die Würde des Menschen, frei zu sein, ist also »auch eine Gefahr« für eben diese Würde. Freiheit erzeugt Entscheidungsangst, »die nur durch ein unbedingtes Vertrauen in ein absolutes Gegenüber des Daseins überwunden werden könnte.« Ohne dieses Vertrauen klammert sich der Mensch an seine eigene Endlichkeit, die er vergöttlichen möchte zur Unendlichkeit. Dieses Streben stammt im Ursprung nicht aus einem »prometheischen Stolz«, wie Gott sein zu wollen, sondern ist nur der armselige »Versuch einer verzweifelten Selbstrettung in der Unentrinnbarkeit einer immer weiter sich vergrößernden Daseinsangst.« Nicht Gehorsam – Ungehorsam, sondern Vertrauen – Angst sind also die Antipoden der biblischen Urgeschichte, die vom Verhältnis zwischen Gott und Mensch erzählt.

Dem Menschen ohne Gott wird »die bloße Kreatürlichkeit des Daseins inmitten einer Welt von Todverfallenheit und Endlichkeit zum Alptraum.« Je mehr er auf sich selbst baut, desto bedrückender lastet auf ihm dieser Alptraum der Angst; denn die eigene Endlichkeit wird zur Unendlichkeit verfälscht. Das einzige aber, was ihn befreien könnte, das Vertrauen auf den unendlichen Gott, ist einem solchen Menschen unmöglich geworden; denn »es gibt offensichtlich nichts, was einem Menschen im Getto der Angst weniger glaubhaft erscheinen könnte, als die Möglichkeit eines solchen Vertrauens«. Doch es gibt einen Schein-Ausweg aus diesem Dilemma der Erbsünde, den »alle Religionsformen der Menschheitsgeschichte kennen«: »Die ›Wahl‹ des freiwilligen Unglücks, als die düstere Agitation von Selbstverzicht, Selbstunterdrückung und Selbstaufopferung, um die Angst zu beruhigen«. Das »Psychogramm« der »Kleriker« (Kl) will unter anderem zeigen, wie verhängnisvoll dieser blinde Ausweg sich auswirken kann.

(c) Die Heilige Schrift und der biblische Glaube zeigen jedoch anderes: »Die biblischen Erzählungen lehren, den Menschen inmitten seiner Angst und Verlorenheit zu verstehen, statt zu verurteilen, und vor allem helfen sie, auf ein Geheimnis des Lebens aufmerksam zu werden, das sich immer wieder entgegen dem Sog der Angst doch auch ereignet, obwohl es durch keinerlei ›Lehre‹ zu vermitteln ist: daß es möglich ist, von Gott her *die Daseinsangst zu besiegen,*« seine Endlichkeit vertrauensvoll in Gottes Unendlichkeit zu verankern.

Man verkennt Drewermanns Angstanalyse, wenn man ihr einfachhin vorwirft, sie ersetze Sünde durch Angst und Erlösung durch Angstbefreiung.

Was nun Drewermann als »Angst« bezeichnet und analysiert, hat seinen Ort im Grundverhältnis des Menschen zu Gott. Fehrenbacher (Fe, 177[58]) zitiert eine entsprechende Deutung, mit der Kardinal Ratzinger den menschlichen Sinn der Geburt Jesu verständlich macht: »Ist der Mensch nicht ein Wesen der Angst, so sehr, daß heutige Philosophie die Angst geradezu als das ›Grundexistential‹ des Menschen bezeichnet? Weihnachten vertreibt aus uns die Angst, die keine Physik vertreiben kann, die Angst um den Menschen und vor dem Menschen selbst.« Ähnlich auch Drewermann: »›Angst‹ ist der einzige Begriff, der unzweideutig zeigt, wie nötig Gott dem Menschen ist, wie *notwendig* der Mensch sich selber ohne Gott verfehlen muß. Eine Philosophie indes, die Gott nicht als Person voraussetzt, kann den Menschen in der Grenzenlosigkeit seiner Angst nur so nehmen, wie er faktisch erscheint« (SB III, LVII) Dieses faktische Erscheinungsbild des Menschen, der sich selbst verfehlt, hat Drewermann am Menschenbild Sartres aufgezeigt. Eine Seite nach der eben zitierten Stelle weist er das gleiche anhand eines anderen großen literarischen Autors auf: »›Was ist das‹, fragt sich Büchners Danton nach dem Alptraum all seines ›notwendigen‹ Mordens und Schuldigwerdens, ›was in uns lügt, hurt, stiehlt und mordet?‹ Die ganze Existenz leidet an einem wesenhaften Seinsmangel: ›Es fehlt uns etwas, ich habe keinen Namen dafür – aber wir werden es einander nicht aus den Eingeweiden herauswühlen.‹ Gerade dieses ›Wühlen in den Eingeweiden‹, diese Selbstzerfleischung aber muß der Mensch ohne Gott betreiben: unfähig, sich selbst ohne die vorgegebene Berechtigung in dem

Willen seines Schöpfers als rein kontingentes Wesen zu akzeptieren. Deshalb ist erst von Gott her das Böse des Menschen als nicht-notwendig zu verstehen; und nur weil es nicht notwendig ist, daß der Mensch so ist, wie er es im Grunde selbst nicht sein will, kann es Erlösung geben.«

Was Freiheit und damit Entscheidung gegen das Böse und für das Gute in ihrem Kern besagen, kann nach Drewermann letztlich nur aus der Perspektive Gottes verständlich werden; denn nur er ermöglicht Angstfreiheit und damit die moralische Freiheit, das Gute zu wollen. »Erst durch den Glauben an Gott gibt es beides: Schuld wie Erlösung, und beides hängt an der Einstellung zu Gott« (SB II, 615).

Drewermanns Freiheitsbegriff übersteigt offensichtlich die populäre Auffassung von »Wahlfreiheit«; ohne Gott bewußt oder unbewußt vor sich zu haben, kann er sich keine Entscheidung für das grundlegend Gute vorstellen. Er steht damit in einer langen Tradition christlicher Philosophie, die sich besonders von Augustinus herleitet. So schreibt Max Müller in »Herders Theologischem Taschenlexikon«: Man »wird an der Wirklichkeit der Freiheit vorbeigehen, wenn (man; JS) nicht die religiöse Dimension menschlicher Freiheit beachtet. Die alleingelassene menschliche Freiheit verfällt notwendig in die Unfreiheit. (Denn; JS) menschliche Freiheit ist immer Antwort auf die absolute Freiheit Gottes, bedarf ihrer als des ›Wozu‹ ihrer freien Entscheidung.«

Was Drewermann nun mit Angst bezeichnet, ist die sündhafte und Sünden gebärende Verstrickung, die aus dem Nein zu dieser Freiheit, aus der Absage an das Urvertrauen entspringt und daher auch Unfreiheit genannt werden könnte (müßte).

(d) Sünde hat es also stets mit diesem Grundverhältnis des Menschen zu Gott zu tun. Drewermann wehrt sich gegen die von (allerdings älteren) katholischen Moralprofessoren vertretene Meinung, »daß zur Sünde überhaupt nicht die Vorstellung eines persönlichen Gottes gehöre. Es wird dann fast unvermeidlich, das Verhältnis zu Gott, den Glauben, nach Art der Kantischen Reduktion des Religiösen aufs Sittliche, in vorwiegend ethischen Bereichen anzusiedeln und den Begriff der Sünde immer kasuistischer zu denken.« Dagegen stellt er mit Thomas von Aquin »die wohl bekannteste und tiefsinnigste Definition der Sünde: ›Die Sünde sei eine Abkehr von Gott und eine Hinkehr zum Geschaffenen« (PM I, 128). Kierkegaards Analyse der Angst hat Drewermann den Weg zu diesem religiösen Verständnis von Sünde und damit von Freiheit gewiesen.

Der Moraltheologe Franz Furger (TD, 80) sieht es deshalb als ein Verdienst Drewermanns an, »das Thema Daseinsangst versus (= gegen; JS) Grundvertrauen des Menschen psychoanalytisch begründet als zentrales Thema für Theologie und Ethik namhaft gemacht und gezeigt zu haben, daß eine Theologie, die das damit bezeichnete Kernproblem menschlichen Seinkönnens nicht ernst nähme, notwendigerweise den Menschen als ›homo religiosus‹ – sei es in seiner gelingenden Gottesbeziehung, sei es in seinem Scheitern – verfehlen müsse.« Drewermanns »wichtigste Erkenntnis, die uns als theologische Einsicht von seiten der psychoanalytischen Methode zufällt, ist wohl: daß die Sünde in einem Mißverhältnis von Angst und Schuld der Menschen zu Gott besteht und dieses Mißverhältnis nur von Gott selbst gelöst werden kann, dadurch, daß die Menschen ihre Versicherungsmaßnahmen als überflüssig erkennen, weil sie jenseits des sich immer neu wiederholenden und vertiefenden Grabens der Angst, des Mißtrauens, der Flucht, der Selbstvergötterung, der Schuld grundlos und unerwartet von Gott her die Erfahrung machen können, trotz allem angenommen zu sein – und daß nur so Erlösung sein kann.«

(e) Man wird – wie oftmals bei Drewermann – fragen müssen, ob ihm die Vermittlung seiner Theologie mit so vielen ähnlichen Bemühungen anderer Theologen gelungen ist, ob er sich überhaupt um eine solche Vermittlung bemüht. Und ebenso wird man fragen müssen, ob sein theologischer Ansatz der Analyse von Freiheit,

Sünde, Erlösung auf dem Hintergrund der Existenz-
angst des Menschen, aus der Grundbeziehung des Menschen zu Gott nicht doch zu weit weg ist von dem, was
Menschen normalerweise unter Sünde und Freiheit verstehen.

Nun, Drewermanns Erfolg zeigt, daß er ganz nahe beim
Menschen ist. Ihm gelingt es, hohe theologische Speku-
lation und betroffen machende Ansprache des Menschen zu vereinen. Das – simplifizierend ausgedrückt –
Instrumentarium dazu aber besteht (neben seiner Bildkraft usw.) darin: Grunderfahrungen des Menschen
werden auf eine religiös-christliche Ebene gehoben;
Drewermann kann Angst und Schuld, Befreiung, Erlösung und personale Liebe so darstellen, daß im Alltag
des Menschen religiöse Sehnsüchte geweckt werden:
»Die Angst der Existenz beruhigt sich nur durch das
Vertrauen in die Liebe einer anderen Person, diese Person aber kann nie ein Mensch, sondern nur Gott allein
dem Menschen sein. Die Angst, die im Menschen liegt,
ist grenzenlos; niemand, der nicht selbst unendlich ist,
vermag der Unendlichkeit der Angst vor der Grenzenlosigkeit des Nichts rettend und heilend standzuhalten«
(SB III, XLI f). Drewermann zitiert dazu öfter ein Wort
aus Dostojewskis »Dämonen«: »Gott habe ich schon
deshalb so nötig, weil er das einzige Wesen ist, das man
lebenslänglich lieben kann. Viel wichtiger als das eigene
Glück ist es für den Menschen zu wissen und jeden Au-
genblick zu glauben, daß es irgendwo bereits ein vollendetes und ruhiges Glück gibt, und zwar für alle und für
alles. Wenn man die Menschen dieses unermeßlich Hohen beraubte, so wären sie nicht imstande zu leben und
würden vor Verzweiflung sterben« (SB III, XLVI)
Drewermann gelingt es auch theoretisch, die so abstrakt
klingenden Spekulationen von Endlichkeit und Unendlichkeit, von Möglichkeit und Notwendigkeit an den
empirischen Erkenntnissen der psychiatrischen Medizin
festzumachen: Der *Schizoide* ist unfähig, »Verantwortung für sich selbst zu übernehmen«; der »*Depressive*
flieht so sehr in die Unendlichkeit, daß er jede Verweige-

61

rung als nicht wiedergutzumachende Schuld erfährt«;
»der *Zwangsneurotiker* legt sich die Welt so zurecht, daß
er niemals der Angst ausgesetzt ist, seine eigene Freiheit
verantworten zu müssen«; der *Hysteriker* sucht sich
wirklichkeitsblind »auf Schritt und Tritt zu beweisen,
wie viele Möglichkeiten er noch hat.« Alles dies sind Be-
strebungen, »unter Verleugnung des Unendlichen den
Sinn des Daseins in die Endlichkeit hinein zu entwerfen; das Dasein gelangt aus Angst vor der Freiheit niemals dazu, sich selbst zu finden, und in dieser Verlorenheit seiner selbst wird es in existentiellem Sinne schuldig.«

Drewermann zeigt damit den Mut, inmitten der Alltags-
welt, im Kontext von Psychologie und Philosophie das
Christlich-Religiöse aufscheinen zu lassen. Der Vergleich mit der Arbeit eines anderen Bestseller-Autors,
Horst-Eberhard Richter (Umgang mit Angst, 1992),
kann die Bedeutung dieses Versuchs herausstellen. Ei-
nig sind sich beide, daß wir Menschen Angst haben müssen, um ganz und gar Mensch zu sein: »Wollte man dem
Menschen nach einer nur äußerlichen Angsttheorie die
Möglichkeit zur Angst nehmen, so müßte man ihm letztlich das Kostbarste nehmen, was er als Mensch besitzt:
sein Bewußtsein und seine Freiheit. Ein Mensch ohne
Angst wäre kein Mensch mehr« (SB III, LXXIX). Doch
Richters Buch verflacht, wie Hildegard Baumgart in der
»Zeit« (Nr. 12, 1992) gezeigt hat, zur Selbstdarstellung
eines »vollkommen egozentrischen Autors«, den nur
»seine Ansichten und sein Unverstandensein interes-
siert«. Antworten auf die existentiellen Nöten der Leser,
Hilfen für den »Umgang mit Angst« bringen seine Ausführungen nicht.

Müßte man – von Drewermann herkommend – nicht
fragen, ob an der so typischen Angst des modernen
Menschen und an Richters Hilflosigkeit nicht eigentlich
die Blindheit vor der Gottesfrage schuld ist? Mit wenigen Worten kann Richter eine atheistische Religionslo-
sigkeit als selbstverständliche und nicht mehr rückgän-
gig zu machende Struktur der Moderne hinstellen: »Der

feste Glaube eines unbedingten Gotteskindschaftsver-
hältnisses lockerte sich (am Ende des Mittelalters; JS).
Das Individuum trat im Gefühl erweiterter Selbständig-
keit und Freiheit hervor. Mit der Freiheit wuchs die
Angst.« Und damit fällt auch für Richter die »Hypo-
these« (der Aberglaube?) von Gott aus!

Drewermann aber »geht mit Angst um« im Glauben,
daß die Angst überwunden ist, weil Jesus sie in Gethsemane als »begnadete Angst« (Mk II, 82) durchgetragen
hat im Vertrauen auf Gott – also nicht nur wie Buddha
»aus dem Kreislauf des Leids herausgetreten« oder wie
Sokrates »heiter und gelassen im Kreise seiner Freunde
in den Tod« gegangen ist, sondern daß er »bebend vor
Angst seiner Auslieferung und seiner Hinrichtung entge-
gengesehen« hat. »Was Jesus wesentlich von allen anderen Lehrern der Menschheit unterscheidet, ist vor allem
seine Menschlichkeit«, in der er so sehr gelitten hat, daß
Drewermann sogar nicht einmal einsehen will, »wie
man diese menschliche Tragödie auf dem Hintergrund
eines Dogmas von der Zweinaturenlehre Christi verstehen kann« (Mk II, 483).

Aber Jesus trug die Angst durch im Vertrauen auf Gott
und verlor auch in der letzten Angst und Not niemals
seine Menschlichkeit. Das arbeitet Drewermann auch
historisch-kritisch aus dem Text der Bibel heraus: »Das
Problem Jesu war nach allem, was wir im *Markus*-Evan-
gelium darüber lesen, wohl niemals die Frage, wie zuverlässig Gott sei. Ihm war Gott unendlich nahe, selbst in
der Stunde des Todes; und selbst das furchtbare Gebet
der Psalmworte: ›Warum, mein Gott, mein Gott, hast du
mich verlassen?‹ wird Jesus weiterbeten mit den Worten
des Psalms 31: ›In deine Hände, Herr, gebe ich meinen
Geist.‹« Auch wo die Berichte über das Sterben Jesu le-
gendär sind, zeigen sie »in der Person Jesu die Verkörperung eines Vertrauens gegenüber Gott als dem *Vater* gerade der Kleinen und Geringen in einer solchen Weise,
daß keine Erniedrigung und kein Leid dieses Bild eines
väterlichen Gottes jemals mehr verwischen kann«
(Mk II, 493–495[24]).

»Allein deshalb war die Todesangst Jesu nötig, weil es einzig die Angst ist, die uns immer wieder hindert, wirklich zu sein. Um uns zu zeigen, daß es keine Angst geben muß, die uns von Gott, von uns selbst und von den Menschen trennen könnte, waren diese Stunden in Gethsemane unerläßlich« (Mk II, 505).

Damit hat Jesus die Grundlage zur Befreiung vom Angstsyndrom des Menschen gelegt. Die kirchliche Erbsündenlehre ist für Drewermann eine »Diagnose der Angst im Feld der Gottesferne« (SB III, LXXII). Sein Grundlagenwerk »Strukturen des Bösen« will nichts anderes, als »die Lehre von der Erbsünde mit dem Material psychologischer Erfahrung auf dem Boden der Bibel existentiell neu begründen« (SB III, LXXIV). Deshalb distanziert er sich auch von H. Haag, der in dieser Lehre und in deren Umfeld eine Vorstellung findet, »gegen die ich mich eigentlich immer gewehrt habe.« Drewermann meint dagegen: »Trotzdem möchte ich versuchen, sie Ihnen nahezubringen« (WH II, 65).

Jesus aber hat dadurch, daß er die Todesangst bestand, ohne das Vertrauen zum Vater aufzugeben, dieses Angstsyndrom aufgebrochen zum Urvertrauen auf Gottes Güte.

Erst auf diesem Hintergrund seiner Theologie kann man die Fragen stellen: Ist damit nun alles das, was der Mensch an Sünde und Schuld, an diesen oder jenen Übertretungen, an Auf und Ab in seinem Leben erfährt, eingeholt? Man kann also wiederum fragen, ob Drewermanns Entwurf sich nicht zu weit von der Normalsituation des Menschen entfernt hat.

Eine Hilfe dazu kann die Einsicht bringen, daß Drewermanns Analysen sich auf der Ebene der *Anschauung* bewegen. Was er mit »Angst« benennen will, ist eine Erfahrung, also etwas, das sich im Bereich des »Bildhaften«, Symbolischen, Traumhaften bewegt. Müßten seine Analysen nicht in Zusammenhang gebracht werden mit einer mehr *begrifflichen* Analyse von Freiheit und auch Sünde? Dadurch würden sie aus der poetischen Höhe, in die Drewermanns Religiosität führt, heruntergezogen auf die nüchterne Sachlichkeit des alltäglichen Lebens und damit erst in ein ausgewogenes Gleichgewicht kommen. Dann aber fände z.B. auch die populäre Alltagsauffassung von Wahlfreiheit zwischen Gut und Böse ihren Platz in dem Versuch, über die Sünde nachzudenken.

Doch schon nach Kardinal Bellarmin (um 1600) gehörte die Möglichkeit des Sündigens zu den absoluten Geheimnissen in Gottes Weltplan. Kein noch so kluger Versuch wird dieses Geheimnis auflösen können. Doch es ist wichtig, immer neu darüber nachzusinnen, damit das Geheimnis nicht in leere Dunkelheit versinkt, sondern dem Menschen hilft, sein Leben als Christ zu leben. Daß dies keine fromme Demutsfloskel ist, kann gerade Drewermanns Bemühen zeigen, neu, in der Sprache und in der Sehnsucht unserer Zeit mit der Frage nach der Angst umzugehen und von ihr her eine Brücke zu schlagen zwischen moderner Anthropologie und der Botschaft der Bibel.

Gottes Barmherzigkeit

– umgreift die Schuld des Menschen

Eine Gruppe von Äußerungen Drewermanns hat besonderen Anstoß erregt: seine Stellungnahme zur Moral, die er provokativ in einer Überschrift so formulierte: »Von der Unmoral der Psychotherapie – oder von der Notwendigkeit einer Suspension des Ethischen im Religiösen« (PM I, 79). Doch man muß auch diese These zuerst konkret – das heißt: aufgrund von Fällen, wie sie Drewermann anführt – zu verstehen suchen. Er beschreibt z. B. die Situation einer Abtreibung, in der »der moralische Wille nicht nur subjektiv – an den psychischen Voraussetzungen der eigenen Persönlichkeit – scheitert, sondern objektiv daran zugrunde geht, daß er, um verantwortlich zu sein, das Unverantwortliche tun muß« (PM I, 39–45).

(a) Die Erziehung hatte »einer 20 Jahre alten Schülerin« das Gefühl vermittelt, nur als Arbeitskraft, nicht als Person geachtet zu werden. Und so heiratete sie mit 18 Jahren den ersten, der ihr Gefühl entgegenzubringen schien, einen ausländischen Arbeiter. Doch diese Ehe scheiterte schnell, und beide lebten getrennt, ohne geschieden zu sein. Sie machte nun die Bekanntschaft eines Mannes im kirchlichen Dienst, der von Minderwertigkeitsgefühlen geplagt war und, um sich in »christlicher« Nächstenliebe zu bestätigen, eine überaus schwierige Frau (zwei Selbstmordversuche und dann dauernd krank) geheiratet hatte. Diese Frau hatte ihm, um ihn an sich zu binden, vier Kinder geboren. Der Mann, der Alkoholiker geworden war, erlebte nun mit der Schülerin, die auch unter Schuldgefühlen wegen der Trennung litt, eine leidenschaftliche Begegnung. In einem »Helfersyndrom« stand sie ihm und seiner Frau – unter Verheimlichung ihrer intimen Beziehung – überaus intensiv im Haushalt zur Seite. Doch dann entdeckte sie, daß sie in der achten Woche schwanger war.

Drewermann zeigt, wie in diesem Verhältnis »die wertvollsten Eigenschaften aller Beteiligten sich zugleich mit Einstellungen verbanden«, die als Schuld erfahren neue Schuld hervorbrachten. Der »Ehebruch« des Mannes »war ein fast unerläßliches Bindemittel, um seiner kranken Frau und den Kindern gegenüber die eingefangene Verantwortung tragen zu können«. »Die Schülerin erlebte zum erstenmal, daß sie als Frau gemocht wurde. Auch sie wollte die Ehe nicht zerstören; im Gegenteil, sie wollte alles tun, um dessen Frau, ihrer Freundin, zu helfen.« Schuld war mit »viel Unschuldigem und Kindlichem gemischt.« Jetzt aber blieb beiden nur noch der Ausweg offen, »den die Schülerin und ihr Geliebter eigentlich am wenigsten wollten und den sie ihrer gesamten sittlichen Überzeugung nach als eine schwere Schuld am meisten verurteilten: Das Kind mußte abgetrieben werden«. »Was beide als Mord empfanden, ward ihnen in Anbetracht aller Konsequenzen ihres Tuns *aus Verantwortung* nunmehr zur üblen Pflicht.«

Einen ähnlichen (fingierten?) Fall von Abtreibung stellt Drewermann Erzbischof Degenhardt unmittelbar vor Augen: »Da kommt z. B. eine verheiratete Frau zu mir, die von einem hohen geistlichen Würdenträger schwanger ist; sie liebt diesen Priester, und ihre Ehe wäre längst zerbrochen ohne diese Liebe; es darf aber ihr Mann von der Schwangerschaft nichts erfahren, auch nicht dieser Priester selbst, auch nicht die Öffentlichkeit, sondern es muß unter allen Umständen die Diskretion gewahrt bleiben, die jene Liebe schützte. Sie ist das Leben dieser Frau. Und wir haben nur drei Wochen Zeit. Wissen Sie einen anderen Ausweg, als zu sehen, was ein Mensch verträgt und was am Ende für alle Beteiligten sich noch am ehesten lebendig leben läßt?« (Wo, 328.360). Ausdrücklich und immer wieder betont Drewermann: »Es geht nicht darum, die Abtreibung zu ›rechtfertigen‹ oder zu ›erlauben‹; es geht darum, zu zeigen, daß es unter Umständen keinen Ausweg aus einer bestehenden Schuld gibt, als auf tragische Weise durch neuerliche schwere *Schuld* den Schaden begangener Fehler so gering wie möglich zu halten.« »Man kann nur sagen, daß sich hier die Schuld vieler schicksalhaft, vermittelt durch die eigene jeweilige Persönlichkeit, zu einem Knoten zusammenzog, der keine geduldige Entwirrung mehr zuließ.« Es entsteht eine Situation wie in antiken Tragödien: »daß man in bestimmten Situationen schuldig werden *muß*, um nicht noch größere Schuld auf sich zu laden«. »Ich glaube, daß die Tötung eines Embryos die Tötung eines Menschen ist, also schwere Schuld. Ich kenne aber Fälle, in denen es unvermeidlich scheint, schwere Schuld auf sich zu laden« (Wo, 360).

(b) Am ersten, auf wenige Zeilen zusammengezogenen »Fall« eines langen Aufsatzes »Das Tragische und das Christliche« (PM I, 19–78) kann der Grundansatz Drewermanns verständlich werden. Ganz auf der Linie Kierkegaards sieht er nicht im »Ethischen«, in der Moral das Kriterium des Menschseins und des Christseins, sondern im »Religiösen«, im Bauen auf Gott. Kierkegaard hat dies an der Gehorsamshaltung Abrahams exemplifiziert, der doch aus Religiosität sogar seinen Sohn hinschlachten wollte. So wie in der Schuldverkettung des menschlichen Tuns die »Angst« das alles überdachende Firmament ist, wird nun das vertrauende Sich-Ausliefern an den personalen Gott, an Gottes vergebende Barmherzigkeit zum schützenden Dach, unterhalb dessen allein Moral und Ethik ihren Platz haben dürfen, also nur abhängig davon.

Um die »Fälle« recht zu beurteilen, muß diese religiöse Grundvoraussetzung beachtet werden. Drewermann beruft sich dabei auf die »kirchliche Lehraussage«, die besagt, »daß *jeder Mensch* in Vergangenheit und Zukunft Sünder *ist*. Ich möchte, daß die christliche Sündenlehre wieder den Zweck verfolgen *darf*, Menschen in ihrer Not, in der Tragik ihres Lebens, ihrer Ausgeliefertheit, ihrer Einsamkeit, ihrer Verlorenheit, ihrer Verzweiflung (also ihrer Sündhaftigkeit; JS) zu verstehen und die Punkte zu berühren, aus denen heraus sich ohne Entfremdung und Zwang von außen so etwas wie Erlösung wieder aufbauen kann. Und dann finde ich freilich im

Neuen Testament, daß Jesus genau diesen Weg gegangen ist: Er hat den Menschen Mut gemacht zu glauben, daß es Vergebung gibt *ohne* Vorleistung, ohne Bußwillen in diesem Sinn, als wenn wir wer weiß was tun könnten, um die Schuld vor Gott, die wir selber sind, abzuverdienen! Eine Haltung des Verstehens und der bedingungslosen Güte« (WH II, 192f).

Das Vorwort zu »Psychoanalyse und Moraltheologie« (PM I, 9) streicht dies heraus: »Drei Fehleinstellungen« scheinen unausweichlich »die Entwicklung des Christentums in eine gefährliche Sackgasse« zu drängen und »die Grundlagen der Religiosität ebenso wie der Humanität zu untergraben«; 1. »die Fremdheit der christlichen Theologie gegenüber dem Unbewußten«; 2. »die Verstandeseinseitigkeit der abendländischen Religiosität«; 3. »die Verselbständigung der christlichen Morallehre gegenüber der Glaubenslehre«.

Es geht grundlegend um eine Vorstellung von Gott, die »jenseits von Gut und Böse« (PM I, 102) in der absoluten Gnade der Vergebung wurzelt. So weiß es nach Drewermann die Bergpredigt: »Gott muß uns vergeben, was immer wir tun – das Schrecklichste oft aus Verantwortung, und es bleibt seine Welt, in der er die Sonne an jedem Morgen aufgehen läßt über Gute und Böse. Eine andere Antwort wird es nicht geben« (Mt I, 158). Doch schon früh wurde nach ihm diese Botschaft der absoluten Gnade verfälscht. Statt im »Du«-Sagen zu Gott, wie Jesus im Vaterunser-Gebet es tut, den absoluten Anfang aller Moralität zu sehen, habe z. B. Gregor von Nyssa die moralische Tüchtigkeit des Menschen als Bedingung davorgeschaltet, aufgrund derer allein das »Du-Sagen« erlaubt sei: »Schlimmer kann das Vertrauen in Gott, das den Menschen allererst zum Guten befähigt, nicht an die Moral verkommen« (Mt I, 774).

Jesus aber lebt aus der Erfahrung von Gottes gütiger Vergebung. »›Umkehr‹ des Menschen – gewiß; ›Buße‹ und ›Werke‹, schon wohl; doch alles wird falsch unter dem Zwinggriff der Angst; alles verformt sich unter dem Diktat des ›Du mußt‹. Die Menschen, wie Jesus sie sieht (oder besser, wie er sie nach und nach immer tiefer verstehen lernte), sind viel zu ausgesetzt, hilflos und getrieben, um sich von sich aus zur ›Umkehr‹ imstande zu sehen. Die Wahrheit, wie Jesus sie erlebt, besteht in der vollkommenen Aussichtslosigkeit des menschlichen Daseins unter den Augen Gottes. Wir Menschen, meint Jesus, können nur existieren unter einem freien, offenen Himmel der Güte, der unterschiedslos alle Menschen umfaßt und nicht länger mehr trennt zwischen Gut und Böse, Rechtschaffen und Falsch, Ordentlich und Lasterhaft – oder wie immer die Schablonen religiös verbrämter Spießerei auch heißen mögen. Die einzig ›richtige‹ Antwort auf die offensichtliche Ungerechtigkeit des Lebens ist die Güte« (Mt I, 46 f).

(c) Damit sind nach Drewermann keineswegs Tür und Tor für die moralische Beliebigkeit und die sittliche Anarchie unter dem Mangel eines alles vergebenden Gottes geöffnet. Im Gegenteil, wer sich absolut angenommen weiß von Gott, wer »Gnade« erfährt, in dem erst erwächst die Fähigkeit zum Guten. Moralisches Tun geschieht nicht durch Vorschrift von außen, sondern erblüht im Klima der verstehenden Liebe von innen her. In Psychiatrie und Pädagogik findet Drewermann die besten Hinweise dafür, daß der Mensch »unbedingt eines vorgängigen Vertrauens (bedarf; JS), in sich selbst, in seinem *Sein*, nicht erst aufgrund seines *Tuns*, berechtigt und gewollt zu sein« (PM I, 95). Und so gilt, »daß der Mensch in moralischem Sinne nur gut sein kann, wenn er mit sich im Einklang ist, und daß er mit sich nur im Einklang sein kann, wenn er die Angst in der Tiefe der menschlichen Existenz durch die Gegenkraft des Glaubens zu beruhigen vermag« (PM I, 17). »Wer spürt, daß er sein ganzes Dasein der Vergebung Gottes verdankt, der kann nicht ungnädig und rechtsversessen seinem ›Bruder‹, seiner ›Schwester‹ gegenübertreten; wer weiß, daß allein Gott ihn schützt und trägt, der wird auch die Bedrohung durch die Bosheit des anderen anders erleben – er wird sich nicht zwingen lassen, immer wieder Gleiches mit Gleichem zu beantworten; ja er wird selbst die ›normalen‹ Grenzziehungen zwischen Freund und Feind als aufgehoben ansehen. Wie man die Menschen so herzensweit macht wie zwischen Sonnenaufgang und Sonnenuntergang – das waren die Fragen Jesu im Hintergrund all der Aussprüche, die Matthäus in seiner Bergpredigt zusammengesetzt hat. Nimmt man den Worten Jesu auch nur ein weniges von der tragenden Grundlage eines unbedingten Vertrauens, so verwandeln sich Hände, die bestimmt sind zum Tragen und Schützen, unfehlbar in grausame Strangulierungsinstrumente des Luftabpressens und Würgens« (Mt I, 64 f). Hier also, in der Dimension der vergebenden Gnade, nicht aber bei der richtenden Gerechtigkeit müsse die Morallehre der Kirche ansetzen, um den Menschen zu helfen, um dem Auftrag Jesu zu entsprechen.

(d) Was dies konkret heißen könnte, zeigt Drewermann mehrmals im Zusammenhang mit Scheidung und Wiederverheiratung, nämlich »wie prinzipiell tödlich der Standpunkt einer gesetzlich gefaßten, statuarisch als gültig gesetzten Moralordnung in Anbetracht der Not des menschlichen Herzens sich auswirken muß« (Mt I, 48). »Die Liebe zwischen Mann und Frau ist eigentlich nur möglich, wenn ein jeder der Ehepartner sich selbst so weit in Gott geborgen weiß, daß er davon lassen kann, jenen Halt im anderen wiederzusuchen, den er als Kind in Vater und Mutter besaß (oder jedenfalls zu besitzen suchte). Nur von Gott her ist es also möglich, zu einer dauerhaften, unauflöslichen Beziehung zueinander zu finden, denn nur in der Bindung an Gott kann ein Mensch den anderen so gelten lassen, wie er wirklich ist, ohne seine Person mit absoluten, vergöttlichenden Erwartungen aus dem Umkreis der Elternarchetypen zu überziehen. Nur im Glauben ist er (›es‹; JS) also möglich, wirklich ›Vater und Mutter zu verlassen‹« (PM II, 67). Daher ist »verständlich, welch eine Bedeutung der Lehre der katholischen Kirche zukommt, daß die Ehe eben ein solches Zeichen der Geborgenheit in Gott, also ein ›Sakrament‹ sei« (PM II, 71). Doch »nur wenn und insoweit eine Ehe geschlossen wird, daß ein jeder Ehepartner seine Liebe nicht als eigentlichen Ort, sondern im Gegenteil als *Verheißung*, als *Zeichen* einer absoluten Geborgenheit versteht, kann die Ehe den Charakter der Unauflöslichkeit erhalten« (ebd.). Kann man diesen Ort mit Rechtsvorschriften eingrenzen und also definitiv sagen: Diese konkrete Ehe ist und bleibt ein Sakrament in der Absolutheit, wie es dem Vor-Gott-Stehen entspricht? – »Ob die katholische Kirche gut daran tut, ja überhaupt das Recht dazu hat, *rechtlich* und *moralisch* die Unauflösbarkeit der Ehe zum Gebot zu erheben?« (ebd.).

Im Gespräch mit Erzbischof Degenhardt (Wo, 161–185) konnten sich beide Standpunkte einander nähern. Drewermann plädierte dabei mit immer neuen Argumenten, daß die Feststellung von außen her (= rechtlich) dem Verstehen von innen her (= psychologisch) weichen muß: Wer kann von vornherein wissen, welche Abgründe sich hinter dem Ja-Wort einer Eheschließung verbergen? Nicht einmal die Eheleute selbst, die sich vollbewußt ihr »Ja« gaben, können von den unbewußten Faktoren wissen, die dieses »Ja« von vornherein relativiert haben. »Mir geht es eigentlich um die Veränderung der Perspektive. Ich glaube nicht, daß wir mit Gesetzen sehr hilfreich sind, sondern daß wir unsere moraltheologischen Kategorien viel stärker als Verstehensvokabeln interpretieren sollten« (Wo, 175).

In der Zusammenfassung dieses Gesprächs von seiten des Erzbischofs klingt dies so: »Zur Sakramentalität der Ehe lege ich ein ganz starkes Bekenntnis ab, auch zur Unauflöslichkeit der Ehe als Sakrament. (Doch) ihr Zustandekommen ist ein Geheimnis, das im Verhältnis zwischen Gott und Mensch begründet liegt. Bei der Bindung von Menschen aneinander muß auch das Unbewußte in Betracht gezogen werden, von dem die Eheschließenden subjektiv zum Zeitpunkt des Eheabschlusses nicht wissen können. Daher ist nicht absolut sicher feststellbar, ob zwei Menschen, die sich das Ja-Wort geben, das Sakrament auch wirklich empfangen.« Und als behördliche Antwort darauf heißt es: »Resümee: In die-

ser Frage blieben im Gespräch unvereinbare Auffassungen. Es ist richtig, daß es keine absolute Gewißheit gibt, ob zwei Menschen, die sich das Ja-Wort geben, tatsächlich auch das Sakrament der Ehe spenden. Dennoch hat die Kirche davon auszugehen, daß den Worten der Eheschließenden zu trauen ist« (Wo, 260).
Es ist dies einer der Punkte, an dem ein Außenstehender sich fragen muß: Vertreten nicht beide Seiten ein wichtiges Anliegen? Sind es wirklich Sach-Differenzen oder doch nur Sprachbarrieren, die eine Verständigung der Gesprächsteilnehmer verhindern? Oder noch vorsichtiger und positiver formuliert: Tun sich hier nicht Spalten auf, die hoffen lassen, daß die voneinander abgeriegelten Türen sich doch zueinander öffnen könnten? Der Moraltheologe Bernhard Häring hat in seinem »Plädoyer« »Ausweglos? Zur Pastoral bei Scheidung und Wiederverheiratung« (JS II, 289) Weiterführendes dazu gesagt. Man kann nur darüber niedergedrückt sein, daß seine Stimme und die vieler anderer seiner Kollegen in diesen Gesprächen nicht einbezogen wurden.
Drewermann möchte Verstehen, Barmherzigkeit, Vergeben an den Beginn aller moraltheologischen Erörterungen setzen – ein Anliegen, dem niemand die Zustimmung verweigern wird. »Es gibt keine Lehre, die den Menschen so im Unrecht zeigt, wie die Ansicht des Christentums von der ›Ursünde‹; aber es gibt auch keine Lehre, die ihn so sehr als bedürftig der Gnade zeigt. Es ist eine Lehre, die in sich selbst nur möglich und erträglich ist in dem Vertrauen, daß Gott des Menschen ganzes Dasein rechtfertigt und annimmt« (PM I, 127). Doch im Konkreten tauchen die Fragen und Probleme auf, die Erzbischof Degenhardt vertritt und als verantwortlicher Bischof vertreten muß. Und hier – so scheint mir – hat das Gespräch noch kaum begonnen.

Der offene Dialog

– ist die Grundforderung von und ebenso an
Eugen Drewermann

In einem nüchternen und ernüchternden Artikel nimmt
der Reutlinger Exeget Rolf Baumann Stellung zur
Frage: »Warum die (›wir‹) Theologen weithin schweigen« (RB). Er skizziert die »Herausforderung« durch
die Theologie Drewermanns und meint, sie sei »weit
grundsätzlicher« als bisherige Herausforderungen und
sie habe nicht zuletzt deshalb bei den gründlich arbei-
tenden Fachleuten bisher so geringes Echo gefunden.
Auch »an die Bischöfe« werden von Baumann wichtige
Fragen gestellt. Doch an Drewermann selbst gehen viele
fragende Bitten, z. B: »Müßte es ihm nicht möglich werden, die von ihm bevorzugte ›Sprache der Bilder‹ und
die überkommene, zwangsläufig objektivierende ratio-
nale ›Sprache der Lehre‹ nicht als unversöhnliche Gegensätze, sondern im Sinn einer gegenseitig aufeinander
angewiesenen ›Mehrsprachigkeit‹ zu sehen? Müßte es
ihm nicht zugemutet werden, auch die Sprache des überlieferten Glaubens zu sprechen und nicht bloß formal zu
betonen, er leugne die Dogmen der Kirche nicht? Müßte
er nicht gerade um der ›Kleingläubigen‹ willen deutlicher zum Ausdruck bringen, daß die Menschwerdung
und das Wirken Jesu Christi nicht ›von-uns-her‹ kommen – der Gefahr eines unzulänglichen Verstehens im
Sinn eines gegenständlichen ›von außen‹ zum Trotz?
Müßte nicht auch Drewermann sich der Einsicht zu öffnen vermögen, daß sein tiefenpsychologischer und theologischer Ansatzpunkt zwar wichtig und für die bürgerli-
che Mittelschicht Europas möglicherweise zentral ist;
aber – etwa im Hinblick auf die ›Armen‹ auf der weiten
Welt – nicht das einzig mögliche Verdeutlichungsmodell
der Erlösung in Jesus Christus darstellt?«
Baumann schließt dann: »Im zurückhaltenden Schweigen von uns Theologen spiegelt sich, wenn ich recht

sehe, zuletzt auch das gewachsene Wissen darum, wie
wenig unsere noch so geglückten Auslegungen und Formulierungen die Wahrheit Gottes einzufangen vermögen.« Das erinnert an eine Forderung, die Drewermann
selbst stellt: »Fastenzeit der Worte« (Wo, 54).

Bisher wurde versucht, Drewermanns Ansatz zu verstehen und einsichtig zu machen, daß sich darin eine Sicht
des Glaubensverständnisses öffnet, die das Christentum
und die Kirche aus der offensichtlichen Krise in ein ver-
tieftes Leben aus dem Glauben führen kann. Bei der folgenden Beschäftigung mit Drewermanns Werk ist nun
auf einige Punkte hinzuweisen, an denen das Gespräch
mit dem Paderborner Theologen beginnen sollte und –
wie uns scheint – auch müßte.

a) Das Bekenntnis zu Jesus Christus
– ist das Problem, »um das es eigentlich geht« (Wo)

Erinnert sei zuerst an Immanuel Kants Satz: »Gedanken
ohne Inhalt sind leer, Anschauungen ohne Begriffe sind
blind.« Ob man nicht lange Passagen des so wichtigen
Gesprächs zwischen Erzbischof Degenhardt und Eugen
Drewermann vom 6. Juli 1990 (Do, 29–203; Wo, 71–216)
ähnlich charakterisieren muß? Formale Aussagen, die
für viele »leer« geworden sind, scheinen einer Flut von
Bildern gegenüberzustehen, in denen sich eine »Blindheit«, das andere Anliegen zu sehen, niedergeschlagen
hat, eine »Taubheit«, auf es hinzuhören (JS III). Auch
Bilder und Anschauungen brauchen Diskussion, während Diskussion und Gedanken für sich allein entleert
sind.

Am Schluß dieses Gesprächs wurde vereinbart, daß man
in das »typisch dogmatische und angestammte Sprach-
system einsteigt«, um die Ergebnisse festzuhalten. Drewermann stimmt zu: »Bin ich sehr damit einverstanden«; es sei allerdings eine »Meta-Sprache, in der wir

uns verständigen« (Wo, 208 f). Er betont auch die Qualität des bischöflichen Amtes: »Sehen Sie, wir sind Theologen, wir können uns irren, wir können dies und jenes sagen, aber Ihnen obliegt es, wie Sie ja zu Recht betonen, die Wahrheit des Christus mitzuteilen. Ob sie damit übereinstimmen, das ist entscheidend« (Wo, 210). Auch dem Verweis des Bischofs auf seine »Aufgabe«, die »ein bißchen anders (ist) als die Aufgabe der Professoren«, stimmt Drewermann zu: »Deshalb muß ich ja Sie haben, da genügt jetzt auch nicht irgendein neuer Professor« (Wo, 216).

An einem zentralen Problemkreis, um den alle weiteren anzuordnen sind, kann man paradigmatisch das Scheitern der Gespräche aufzeigen. Ich möchte ihn etwa so formulieren: Jeder christlichen Generation obliegt es, ihr Glaubensbekenntnis im Sprachspiel der Gegenwart zu formulieren. Nicht nur Karl Rahner und andere, auch Kardinal Ratzinger in der oben zitierten Weise (38), haben es versucht. Die sprachlichen Formulierungen können differieren. Aber gibt es nicht eine existentielle Haltung, eine Grunderfahrung, die sich durchhält, die alle Versuche tragen muß, wenn sie christlich sein wollen? Es ist – und hier besteht Übereinstimmung – die Haltung zu Jesus Christus.

Doch über die Qualität dieser Haltung, über die innere Eigenschaft dieser Beziehung zu Jesus Christus scheint es unterschiedliche Auffassungen zu geben, die besprochen, diskutiert werden müssen. In zwei Punkten sei der Fragestand knapp formuliert:

(a) Die Vertrauenshaltung zu Gott hat bei beiden Gesprächspartner eine personale Qualität, die man mit der Unterscheidung: »geschichtlich oder symbolisch« nicht erfassen kann. Es ist die Qualität, die Drewermann bei Kierkegaard entdeckt hat und die beide über die philosophischen, historischen und psychologischen Tatsachen und Analysen hinausgehen läßt ins Existentielle. Sobald man diese »Qualität« begrifflich exakt oder historisch-kritisch genau zu bestimmen versucht, hebt man sie aus dem Vollzug heraus in ein objektivierendes

Sprachspiel. Dort aber ist nicht ihr wirklicher Ort; dort wird sie allzu leicht fundamentalistisch oder liberalistisch mißverstanden.

(b) Wo nun steht die Gestalt (Person) Jesu Christi in dieser existentiellen Grundhaltung zu Gott? Ist er nur der Helfer, der »absolut notwendig« ist, um die in den Menschen schlummernde Vertrauenshaltung zu Gott zum Leben zu erwecken? Oder steht er »absolut notwendig« als Wort, als Mittler, als Offenbarung Gottes im existentiellen Vollzug der Vertrauenshaltung zu Gott? In dogmatischer Sprache: Ist er das ewige Wort Gottes? In spiritueller Sprache: Darf (muß) ich zu ihm (und nicht nur mit seiner Hilfe) beten? Oder wie Drewermann einmal formuliert hat: »Ist er der absolute Bezugspunkt, an dem ich mich orientiere, etwas, wo ich mich geborgen fühlen kann, eine Stelle, an der ich mit all meiner Not Zuflucht finde« (vgl. oben S. 38)?

Es ist bestürzend zu sehen, wie sehr dieser entscheidende Fragepunkt in dem genannten Gespräch vergessen wurde. Nachdem die Tonbandmitschrift beiderseits anerkannt wurde, übermittelte der Erzbischof am 22. November 1990 die vereinbarte Zusammenfassung des Gesprächs (Do, 205–213; Wo, 253–261) an Drewermann. Darin heißt es z. B.: »Zum Thema Offenbarung und Geschichte kann aufgrund der Aussagen von Herrn Dr. Drewermann weitgehende Übereinstimmung festgestellt werden. Eine volle Einigung konnte nicht erreicht werden bezüglich der Wunderberichte, Legenden, Novellen und anderer literarischer Formen, weil Dr. Drewermann mit den entsprechenden literarischen Formen auch die Nicht-Historizität ausgesagt findet, während für den Erzbischof ein historisches Faktum im Leben Jesu bei solchen Erzählungen gegeben sein kann« (Wo, 256). Es geht aber letztlich nicht um diese exegetisch zu behandelnde Frage, sondern um die oben beschriebene Qualität, die schon in den frühesten Schriften des Neuen Testaments, bei Paulus, eindeutig zu finden ist.

Drewermann weist diese Zusammenfassung radikal zurück und beklagt sich, daß sich in dem Schreiben des Bischofs »nicht ein Wort (findet), das in irgendeiner Weise erkennen ließ, was sich menschlich bewegt hätte« (Wo, 271). »Es ist und bleibt für mich nicht akzeptabel, den Glauben an Gott oder Christus in einen Haufen von Sätzen zu zerlegen, ... als ließe sich der Glaube von Menschen außerhalb ihres lebendigen Erfahrungskontextes ›überprüfen‹ ... Entscheidend ist mir, daß es in geistigen Dingen keine wahren Sätze gibt, die in isolierter Form ihre Gültigkeit behielten« (Wo, 272 f). Und wiederum bleibt zu fragen: Aber gibt es nicht einen Glaubensvollzug, in dem Jesus Christus einen eindeutigen Ort hat?

Am 2. Mai 1991 versucht Drewermann selbst die »Ergebnisse« des Gesprächs zusammenzufassen. Zu unserer Frage meint er: Es trägt »zur Lösung der historischen Frage nichts bei, hinter den Texten ›irgend etwas‹ Historisches annehmen zu sollen, das nur (leider) nicht näher präzisiert werden könne. Vielmehr kommt es darauf an, die Eigenart biblischer Rede zu würdigen und z. B. mit tiefenpsychologischen Mitteln den symbolischen Charakter der alt- und neutestamentlichen Erzählungen als Reflex wirklicher geschichtlicher Erfahrungen zu interpretieren« (Wo, 303).

In seinem Brief an die Bischofskonferenz vom 23. September 1991 präzisiert Drewermann, »daß es nur in einer symbolischen Sprache (der Christologie) möglich ist, die Wirklichkeit und Bedeutung einer Person (der Person des Jesus von Nazaret) auszusagen« (Wo, 353). Aber kann man nicht – so ließe sich fragen – mit der Sprache auf den Vollzug der Jesus-Beziehung hinweisen, wie es Drewermann selbst meisterhaft für den Vollzug des Vertrauens auf Gott getan hat? Das ist etwas anderes als »symbolisch« sprechen.

Vom 4./5. Oktober 1991 existiert eine weitere Zusammenfassung, die von P. Eicher und E. Drewermann unterzeichnet ist. In ihr heißt es: Drewermann »verbinde Gottes Handeln und die Geschichte so, daß er durch die Würdigung des symbolischen Charakters der biblischen Erzählungen gerade zeigen könne, wie sie als Reflexe

wirklicher geschichtlicher Erfahrungen zu interpretieren
seien ... Den Menschen so erschütternde und bewegende
Glaubenserfahrungen wie die, daß Jesus bei Gott ist,
daß er als Gekreuzigter angenommen ist von Gott, daß
er als Getöteter nicht im Grab geblieben und verwest
ist, sondern eingesetzt ins Leben Gottes selber existiert,
die können wir nach Dr. Drewermann nur durch Er-
schließung der Glaubenssymbole machen, die uns Gottes Wirklichkeit nahebringen« (369). Diese Aussagen bewegen sich auf der Linie: Jesus der Helfer, der den Glaubensvollzug im Menschen entbinden kann; sie umgehen
aber die paulinische direkte Gebetshinwendung eines
Menschen zu Jesus Christus.
Die Stellungnahme der Bischofskonferenz vom 8. Oktober 1991 allerdings bringt den Fragepunkt auf den Nen-
ner: »Es ist etwas Grundverschiedenes, ob man die personale Offenbarung des dreieinigen Gottes in Jesus
Christus und die daraus sich ergebenden Inhalte des
Glaubensbekenntnisses als Produktion und Projektionen vorgegebener symbolisch-archetypischer Strukturen
der Seele in ihrem vorbewußten Zustand ausgibt (das
wäre ›nur‹ symbolhaft; JS), oder ob man die ergangene
und geschichtlich vorgegebene göttliche Offenbarung
mit Hilfe philosophischer, psychologischer, anthropolo-
gischer und religionsgeschichtlicher Kategorien zu deuten und dem menschlichen Verstehen zugänglich zu machen sucht« (Wo, 395). Doch dies ist wiederum die dog-
matisch-gegenständliche Sprache.
Die entsprechende Zusammenfassung von Erzbischof
Degenhardt unter gleichem Datum ist weniger eindeutig
und wird, wie mir scheint, der Intention Drewermanns
nicht voll gerecht: »Dr. Drewermann sieht das zentrale
Bekenntnis zu Jesus, dem Christus, dem Sohn Gottes,
nicht in der Geschichte Jesu selbst verankert; er behauptet, der Christusglaube sei gegen die Intention Jesu ent-
standen« (Wo, 401). Um die »Christologie« jedenfalls
geht es. J. Werbick (JW) und R. Baumann (RB) haben
dies gut herausgestellt.

b) Die Sprache
– ist unabdingbar für den Umgang mit der Bilderwelt

Dem Sprechen und der Erfahrung von Jesus Christus muß nachgegangen werden. Drewermann selbst übt vernichtende Kritik an einer ich- und seelenlosen Sprache der exegetischen Wissenschaft und sieht den Grund dafür im Verlust der Bilder usw.: »Die träumende Imagination, nicht das begriffliche Denken bestimmt die Grunderfahrung des Religiösen. Von den Traumbildern ist daher auszugehen, um die Bilder der Erlösung auch in der Bibel in ihrer bleibenden Gültigkeit von innen heraus zu verstehen« (TE I, 16 f). »Die Bibelexegese, das wagen wir unumwunden zu sagen, ist als historisch-kritische das Symptom der geistigen Krankheit des Christentums, wo nicht das wirksamste Instrument der gewollten oder ungewollten Selbstzerstörung desselben, und jeder, dem am Glauben des Christentums oder am Leben kommender Generationen auch nur das Geringste gelegen ist, kann nur von Herzen wünschen, daß die Überfremdung und Unnatur einer solchen ›rein-historischen Wissenschaft‹ in Gestalt der Exegese möglichst bald selbst der Historie überantwortet wird« (TE I, 60). Seine eigenen Versuche wollen »die Seelenlosigkeit der Theologie mitsamt ihren verkehrten Frontstellungen, gewaltsamen Zwängen und strukturellen Ängsten« (TE I, 18) überwinden. Die Kampfschrift gegen R. Pesch und G. Lohfink (Fr) ist ein einziger Aufschrei gegen diese »Seelenlosigkeit«.

(a) Doch jeder aufmerksame Leser wünscht sich bei Drewermann selbst oftmals mehr Nüchternheit, Reflexion, Objektivität in der Sprache. So kann man bei den Ausfällen gegen das amerikanische Volk, die sich Drewermann zu eigen macht, nur erschrecken. »Kein Land der Erde muß heute psychisch, sozial und politisch als derart gewalttätig, ja, gewaltliebend gelten wie die Kultur, die in ihrem Selbstbewußtsein und Gehabe sich als durchaus vorbildlich, ja, als Hüterin der Weltordnung zu präsentieren sucht, wie die USA.« Ein »fetischähnliches Verhältnis zu Schußwaffen aller Art« (MT I, 411) präge ihren Geist. Und ihre Leitfiguren sind »vollendete Angehörige einer Keep-smiling-Gesellschaft, für die Traurigkeit so etwas ist wie eine zu verbietende Charakterlosigkeit, weil sie die Blutspur des Fortschritts hemmt – sie ist für die ›Großrechner‹ nicht kräftig genug, nicht mitleidslos genug, nicht gewalttätig genug« (MT I, 376). Dagegen zitiert Drewermann am Ende des Kapitels die bekannte Rede des Indianerhäuptlings Seattle (MT I, 379 ff), verbirgt aber vor dem Leser hinter dem Wort »sinngemäß«, daß diese Rede in Wirklichkeit – wie auch Drewermann weiß (TF, 180) – »in allen umweltbezogenen Aussagen eine freie Ausgestaltung« des Originals ist, man kann auch sagen: eine Fälschung. Der Indianerforscher R. Kaiser stellt die Unterschiede der nach 1970 erschienenen Versionen zur vermutlichen Urfassung von 1854, die auch erst 1887 greifbar ist, heraus (Se, 69); neu gegenüber der Version von 1887 ist: Der zum Katholik gewordene »Häuptling Seattle wird zu einem Ökologen«, und: »Das Gottesbild ändert sich.« Ob solchen antiamerikanischen Aussagen, die in den »Reden gegen den Krieg« (RK) sich wiederfinden, nicht genau die Nüchternheit des »Begriffes« fehlt, die nach Immanuel Kant (vgl. S. 28) der Blindheit der reinen »Anschauung« das helle Licht der Augen schenkt? Auf einer ähnlichen Ebene liegt die Sprechweise, die Drewermann stellenweise gegen Theologen (vgl. S. 15) und Vertreter des kirchlichen Amts gebraucht. Zu Bischof Lehmann: »Das ist nicht mehr nur gelogen, es ist schon unverschämt« (Wo, 426). Seinem eigenen Bischof, den er anderswo der »Lügen« zeiht (Wo, 429), gesteht er »eine Religiosität der robusten Denkungsart« zu, die allerdings als »zwangsneurotisch« gebrandmarkt wird (Wo, 474): »Herr Degenhardt glaubt wenigstens, was er sagt; auch wenn es, denkend, nicht glaubwürdig sein mag, was er glaubt. Aber Herr Lehmann, Herr Wetter, Herr Kasper und unsere Exegeten, unser Dogmatiker ... ›Wie dürft ihr nur sagen: Weise sind wir, haben wir doch das Gesetz des Herrn! – Ja, fürwahr, zur Lüge macht es der Lügengriffel der Schriftgelehrten!‹ (Jeremia 8,8)« (Wo 8,485). Und daß sein Doktorvater »Herr Mühlen selber sich nunmehr öffentlich als Gesprächspartner für alles anzubieten sucht mit der Behauptung, er habe nie gewollt, daß jene Dekrete gegen mich erlassen worden seien«, ist für Drewermann ein »Possenstück« (Wo, 484). Seine theologischen Kollegen hält er für »zutiefst unglaubwürdig und unaufrichtig«, ihre Stellungnahme vom 9. Oktober 1991 für »sehr doppelbödig, um nicht zu sagen unehrlich« (Wo, 410 f).

Man sollte solche Sätze jedoch nicht auf die Goldwaage legen, sondern sie verstehen als Hilfeschrei eines Menschen, der, in die Ecke getrieben, verzweifelt um sich schlägt, wobei er sich zugleich schon als überlegener Sieger fühlt. Sie gehören zu den Passagen, zu denen der evangelische Theologe (ehemaliger Benediktiner) Fulbert Steffensky in wohlwollendem Verstehen schreibt: »Es ist immer ein Existenzkampf und keine akademisch-theologische Debatte. Diese existentielle Wundheit prägt auch die Sprache Drewermanns. Es gibt Passagen, bei denen ich weder Zuneigung noch Respekt aufbringen kann. Wie zwanghaft feindbedürftig ist Drewermann eigentlich, daß er Menschen so karikieren muß, die auf andere Weise und auf anderen Feldern an der Befreiung des Subjekts arbeiten« (KS, 35). Politische Theologen wie J. B. Metz sind gemeint. Auch Fehrenbacher fragt mit Gabriel Marcel Martin: »Gegen welches patriarchale, kirchliche, persönliche Über-Ich schreibt dieser Autor an? Welche Grundform der Angst ist bei Drewermann so dominant, daß er immer wieder den Fluchtpunkt eines absoluten, unfraglichen Gegenübers braucht, beschwört, postuliert, folgert?« (Fe, 282[85]).

b) Hier zeigen sich die Schwächen des subjektiven, ichbezogenen Sprechens, daß es nämlich »blind« werden kann. Ein Beispiel aus den exegetischen Arbeiten Drewermanns, das auch weittragende inhaltliche Konsequenzen mit sich bringt, möge dies illustrieren. Im Kommentar zum Matthäusevangelium mit der eigenen, wie mir scheint, großartigen Vaterunser-Übersetzung arbeitet Drewermann Prinzipien zu »Fragen der Übersetzung oder: Aramäisch auf Griechisch« heraus (Mt I, 185–217): »Also muß man auch in der deutschen Übersetzung versuchen, das semitische Sprachkolorit nach Möglichkeit durchscheinen zu lassen. Insbesondere das ständige ›und‹ am Satzanfang sollte nur in den dringendsten Fällen durch Partikel wiedergegeben werden, die den Zusammenhang präziser beschreiben, wie ›doch‹, ›also‹, ›aber‹, ›so daß‹, ›und zwar‹ et cetera.« (Mt I, 187).

Ein typisches Beispiel für diese Weise der hebräischen Prosa findet sich in Mk 3, 13–16. Dort heißt es in wörtlicher Übersetzung:

»Und er stieg auf den Berg
und rief herbei, welche er wollte – er selbst,   .
und sie kamen zu ihm;
und er machte zwölf (die er Apostel nannte), damit sie
    um ihn wären,
und damit er sie aussende zu predigen
und Kraft zu haben, Dämonen auszutreiben;
(und er machte die Zwölf)
und legte dem Simon den Namen Petrus bei.«

Die Klammern bedeuten Lesarten, deren Überlieferung nicht völlig einstimmig ist, aber von der Forschung als die richtige akzeptiert wird.

Was macht nun Drewermann daraus? (Mk I, 195 ff):

»Da steigt er hinaus zum Berg
und ruft herzu, die er selbst wollte
und sie sind weggegangen zu ihm.
Da hat er zwölf – die er auch Apostel genannt hat –
    bestellt, daß sie bei ihm seien
und daß er sie sende, zu verkünden
und Vollmacht zu üben, die Abergeister auszutreiben.
So hat er die Zwölf bestellt,
und hat dabei einen Beinamen dem Simon gegeben:
    ›Petrus‹.«

Der Text hat in dieser Übersetzung das Monumentale, Gesetzgeberische verloren. Es kann jedoch kein Zweifel daran geben, daß der Schreiber des Originals auch stilistisch-poetisch eine solche »Gesetzgebung« nahelegen wollte. Wer ein Ohr hat für den Sprachklang in seiner symbolischen Kraft, findet hierin sogar einen deutlichen Hinweis auf die Kirchengründung. Aber Drewermann verläßt an dieser Stelle den Text in seiner symbolkräftigen Eigengestalt und fragt nach dem historisch-kritischen Hintergrund des beschriebenen Geschehens: »Abrücken muß man in jedem Falle von der nur äußerlich zutreffenden Erklärung, Jesus habe in Gestalt der Zwölf die zwölf Stämme des auserwählten Volkes sammeln und zusammenführen wollen, so als sei die Schar seiner Jünger im Sinne einer äußeren Institution ›das wahre Israel‹ der Endzeit.« Er bleibt bei dem von ihm »historisch-kritisch« erarbeiteten Hintergrund, beachtet nicht die symbolsatte Eigenaussage des Textes und konzentriert sich in gewiß schönen Erörterungen auf die allgemeine Symbolik von »Berg« und der kosmischen Zahl »Zwölf«. Persönliche Ideen, die Drewermann wichtig sind, haben hier also den Blick verdunkelt für die Eigen-Kraft des Textes. Ähnliches meinte Kant, als er von den Anschauungen sprach, die ohne Gedanken, ohne Reflexion, ohne Begriff blind sind.

Nun, völlig blind ist Drewermanns Exegese keineswegs; wie immer man einzelnes findet, sie bringt doch auch schöne Einsichten. Aber eine partielle Blindheit, aufgrund derer sogar die eigenen Übersetzungsprinzipien übersehen werden, läßt sich kaum abstreiten; im erwähnten Text scheinen die darin verborgenen institutionellen Aussagen der Grund dafür zu sein. Doch wer hat keine solchen blinden Flecke!

Auch anderswo, wenn es in die Ideologie paßt, verläßt Drewermann seine Prinzipien. So zeigt Fehrenbacher: »Drewermanns Ausführungen lassen dabei (bei der Durchsetzung des eigenen therapeutischen Anliegens; JS) oft jene gewaltfreie und ›schwebende‹ Sprache der Bilder vermissen, die sie doch voraussetzen« (Fe, 179). Nach der Suspendierung vom kirchlichen Lehramt legt er sogar einen Fragekatalog vor, der eben das tut, was für ihn »inakzeptabel ist und bleibt, den Glauben an Gott oder Christus in einen Haufen von Sätzen zu zerlegen ... als ließe sich der Glaube von Menschen außerhalb ihres lebendigen Erfahrungskontextes ›überprüfen‹«. Auf Glaubensfragen wäre gewissermaßen durch Ankreuzen wie bei einer politischen Wahl zu antworten. »Auch ich glaube, daß man so nicht fragen kann, aber vielleicht aus anderen Gründen« (Wo, 432).

Es geht auch tatsächlich um etwas anderes, daß nämlich das Anliegen Drewermanns im sachlichen Diskurs, in begrifflicher Genauigkeit zu behandeln ist. Ich bin überzeugt, Drewermanns doppelte Fähigkeit, die Kraft, Bilder zu verstehen, und sein Grundpostulat, von Beginn an die Bibel engagiert, subjektiv zu lesen, wäre wie eine Transfusion frischen Blutes für die Fachexegese. Nur müßte ein Diskurs, ein Für und Wider, ein lebendiger Austausch stattfinden und dürfte nicht von Drewermann abgeblockt werden durch die Behauptung, es sei *nur* in Bildsprache, nicht aber in begrifflicher Genauigkeit und historischer Exaktheit über diese Dinge zu sprechen.

Es gibt viele Beispiele für dieses Ausweichen vor dem fachlichen Diskurs. Rolf Baumann bringt ein Beispiel dazu. Im Spiegel-Interview vom 23. Dezember 1991 sagt Drewermann provokativ, was er auch sonstwo (Mt I, 124) ausgeführt hat (Wo, 443): »Was Jesus über Taufe und Abendmahl gesagt haben soll, ist ihm lange nach seinem Tode zugeschrieben worden. Das Abendmahl, die Eucharistie kann man nicht auf Jesus zurückführen. Er war Jude, und es ist völlig ausgeschlossen, daß der Jude Jesus beim letzten Abendmahl seinen Jüngern Brot gab und dabei die Worte sprach: ›Das ist mein Leib, der für euch geopfert wird.‹ Weil diese Vorstellung, das Fleisch eines Menschen zu essen und das Blut eines Menschen zu trinken, für einen Juden, und nicht nur für den, etwas Gräßliches ist.«

Rolf Baumann (RB, 21) behauptet nun natürlich nicht, daß Jesus das eucharistische Opfer in seiner heutigen Gestalt eingesetzt habe und was Drewermann im oben erwähnten Fragekatalog mit Ja oder Nein ankreuzen lassen will. Aber wie anders klingt seine Aussage: »So ist es zum Beispiel historisch-kritisch kaum begründet, die Tradition des Letzten Abendmahles nicht im Handeln des seinem Tod entgegengehenden Jesus von Nazareth zu verankern: als symbolischer Ausdruck seines Glaubensmuts und seine Hingabebereitschaft verstanden und selbstverständlich nicht in den Deutekategorien der hochmittelalterlichen Transsubstantiationslehre über die Verwandlung von Brot und Wein.«

Das mag wenig bildhaft sein, aber es führt zur Wahrheit. Drewermanns Bemühungen brauchen ein intensives ständiges Gespräch mit der historisch-kritischen Exegese und nicht nur das instrumentalisierte Benutzen ihrer Ergebnisse, was er häufig tut. Zu diesem »instrumentalisierten Benutzen« ist wiederum Baumann mit anderen (JS I, 103 f) zu hören; er zeigt: »Der Weg der protestantischen Exegese führte von der existentialen, auf das Leben der Menschen ausgerichteten Interpretation eines Rudolf Bultmann mit Notwendigkeit auf die neu sich stellende Frage nach dem ›historischen Jesus‹ zurück, auf die Suche und dem nachösterlichen Wirken der sich auf ihn und seinen lebendigmachenden Geist berufen(d)en Kirche« (RB, 21).

Das alles kann man auch an einer weiteren Frage ablesen: Warum taucht bei Drewermann Paulus, dessen Zeugnis über Jesus älter ist als die Evangelien, so wenig auf? Im ersten Band von »Tiefenpsychologie und Exegese« wird eine einzige Stelle aus einem echten Paulusbrief zitiert. Doch Paulus war ein Mann des Wortes, des Denkens, auch der Begrifflichkeit!

Es wäre für Drewermanns Entwurf wichtig, über die Rolle des »Wortes« gerade im Bilddenken tiefer nachzudenken. Nicht ohne Grund gibt es auch neutestamentlich eine Entwicklung vom »Wort« der Kindheitsgeschichte bei Lukas (»räma«) zum johanneischen »Im Anfang war das Wort« (»logos«)! Die mythische Sprechweise braucht das Wort, um eindeutig zu werden; das Wort aber braucht Bilder, Anschauung, um Inhalt und Erfahrung wiederzugeben.

c) Die mythische Bilderwelt
– ist nur im Feld sozialer Interaktion gültig

Man muß Drewermann dankbar sein für sein Bemühen, die Religiosität, die sich in der wachsenden Popularität von Mythos, Märchen und Psychologie äußert, christlich zu integrieren. Der Vergleich mit der Synthese des als führenden Mythenforscher gepriesenen Joseph Campbell und seinem Buch »Die Mitte ist überall. Die Sprache von Mythos, Religion und Kunst« (1992) kann Drewermanns Ansatz noch einmal beleuchten.

(a) Bei Campbell (65 f) ist die Rede von dem Mißverständnis, »mythische Metaphern als Hinweise auf nackte Tatsachen zu interpretieren. Der Begriff ›Gott‹ wird hier (im jüdischen Messianismus) so aufgefaßt, daß er eine konkrete, wenn auch unsichtbare männliche Persönlichkeit bezeichnet, die das Universum schuf und nun in einem unsichtbaren, aber konkreten Himmel wohnt, in den die Seligen nach dem Tod kommen, um sich dort am Ende der Zeiten mit ihren wiederauferstandenen Körpern zu vereinen. Welchen Reim kann sich modernes Denken im Namen der Vernunft oder Wahrheit auf etwas machen, was so offenkundig unsinnig ist? Die Mythen sind wie die Träume Früchte der menschlichen Einbildungskraft. Jeder Mythos ist, *psychologisch* gesehen, symbolisch. Seine Geschichten und Bilder dürfen daher nicht buchstäblich verstanden werden, sondern als Metaphern und Gleichnisse. Mythologien sprechen aber im Gegensatz zu den alltäglichen Träumen Fragen nach dem Ursprung der Welt, der Natur, wie auch der Kunst, der Gesetze und Bräuche eines lokal begrenzten Volkes an, *physische* Dinge, die dieser Anschauung nach *meta*physische Wurzeln in einem dem Traum verwandten Bereich jenseits von Raum und Zeit haben.«

In mancher Hinsicht kann Drewermann diesen Ausführungen sicherlich zustimmen. Doch über die Gestalt Jesu erhält nach ihm der Glaube, der sich in mythischer Sprache ausdrückt, Wirklichkeitsqualität. Diese ist natürlich nicht so primitiv zu beschreiben, wie es Campbell tut; aber sie ist so real wie der Mensch in seiner Personalität, in der die Mythen im Ausgriff der Sehnsucht sich gebildet haben. »Der ›Mythos‹ und der ›Traum‹ ist keineswegs das nur Erdichtete, das rein Subjektive, das Unwirkliche und Unwahre, sondern gerade umgekehrt: Wenn etwas wahr ist an dieser Welt, so ist es die traumhafte Ahnung und die symbolisch vermittelte Erfahrung des Menschen von jener anderen Welt und Wirklichkeit, als deren Prophet und Verkörperung Jesus von Nazaret auftrat. Anders gesagt: Nur derjenige, dem Jesus buchstäblich ›alles‹ geworden ist: Heil und Rettung, Grund und Ziel, Ausgangspunkt und Endpunkt seines Daseins, kann von innen her die Chiffre berechtigt finden, die in der menschlichen Psyche bereitliegt, um die Erfahrung von etwas Absolutem wiederzugeben.«

Dazu ist weiterhin auch zu sagen: »Die Gestalt Jesu deutet ihrerseits die archetypischen Deutungsschemata« (Mt I, 94 f) macht also, wie Drewermann an der zitierten Stelle analysiert, aus dem König einen »mit sich versöhnten Menschen, einen Menschen versöhnenden Menschen« (Mt I, 97 f).

(b) Bedauerlich ist nun wiederum, daß sich Drewermann so gut wie nie auf die breit geführte Diskussion über die Rolle von Mythos und Symbol im Erlebnisfeld des Menschen (CJ) einläßt. Die seriöse Philosophie ist längst über die Alternative von rationalistischer Ablehnung und nostalgischem Neuerwecken des mythischen Denkens hinaus; sie rückt weithin »mit den Grenzzonen des Phänomens die mannigfaltigen Modalitäten einer reduzierten, reflektierten oder komplizierten Seinsweise des Mythos ins Zentrum« ihrer Überlegungen (AH, 317).

In der psychoanalytischen Mythosforschung sind die Arbeiten Alfred Lorenzers zu Klassikern geworden, z. B.: »Kritik des psychoanalytischen Symbolbegriffs (1970), oder ganz nahe am Anliegen Drewermanns: »Das Konzil der Buchhalter. Die Zerstörung der Sinnlichkeit. Eine Religionskritik« (1981). In einer kurzen Zusammenfassung, die sich auf Forschungen von J. Piaget und K. Lorenz stützt, zeigt er (AL, 27.24 f), daß die Symbolwelt des Unbewußten nicht aus sich, sondern nur als »sinnlich-symbolische Interaktionsform« verständlich ist. Das heißt: Die archetypische Welt liegt nicht einfach fest wie ein metaphysisches Apriori unterhalb von Logik und Sprache in der Tiefe des Menschen, sondern ist ein lebendiges Beziehungsnetz zwischen Innen und Außen, zwischen Kind und Mutter, zwischen Individuum und gesellschaftlicher Kultur usw. Mit der Bezeichnung »senso-motorisches Sinnsystem« deutet Lorenzer sowohl die Beziehung nach außen (senso-) wie die bleibende Prozeßhaftigkeit (-motorisch) an: »Das Unbewußte ist weder pure biologische Natur, die sich selbst entfaltet, noch eine tabula rasa, auf der sich Einflüsse von außen abdrücken. Das Unbewußte ist ein komlexes Gefüge von Niederschlägen des passiv-aktiven Interagierens zwischen dem werdenden Organismus und seiner Umwelt. Es ist ein Gefüge von Interaktionsformen: Es ist ein System von leiblichen Impulsen, die in ihrer sensomotorischen Komplexität und Differenziertheit eine eigenständige vorsymbolische Lebenswelt bilden.«

Man kann die Tragweite dieser Einsicht, daß die innere Symbolwelt mit dem sozial-kulturellen Umfeld untrennbar und prozeßhaft verknüpft ist, illustrieren anhand der Kritik Drewermanns an der Befreiungstheologie (JS II, 282 f). Diese Kritik wurde von denen, die Drewermann als progressiven Kirchenkritiker für sich in Anspruch nehmen wollten, nicht verstanden. Aber sie gründet in dessen theologischem Ansatz und muß von daher bewertet werden. Drewermann wehrt sich nämlich z. B. gegen eine »Funktionalisierung der Evangelischen Räte«, die aus den »Ordensgemeinschaften der katholischen Kirche so etwas wie das basiskommunistische Modell einer humanen Gesellschaft von morgen bzw. wie die soziale Speerspitze zur Durchsetzung der konkreten Utopie der Bergpredigt« macht (Kl, 356 f). Das »Soziale« darf nur als Folge der innerpsychischen Welt (»Evangelische Räte«) verstanden werden; letztere ist in sich allein sinnhaft (Menschlichkeit, Bezug auf Gott) und darf nicht von vorneherein mit dem »Sozialen« (Einsatz für die Menschen) verknüpft, gleichsam funktionalisiert werden. So wirft Drewermann J. B. Metz vor, daß dieser »kategorisch die Pflicht zur psychologischen Blindheit« dekretiere (Kl, 666), und er stellt dagegen: Jesus hatte kein »politisches Aktionsprogramm«; das wäre genau »derselbe messianistische Irrtum, dessen Jesus selber sich erwehren mußte. Seine Botschaft verändert die Welt, das ist unbestreitbar wahr, aber nicht mit den Mitteln dessen, was heute ›Politik‹ heißt, sondern, dies sei unsere These, gerade umgekehrt: in der Befreiung des Menschen vom politischen Prinzip« (Mt I, 150).

Es ist hier nicht auf die Mißverständnisse (und wohl auch berechtigte Kritik) dieser Polemik einzugehen (MP). Aber grundsätzlich ist zu sagen, daß die Lösung der innerpsychischen Gesundung vom sozialen, aktiv zu verändernden Umfeld in der Tiefenpsychologie, wie Lorenzer zeigt, längst überholt ist.

Theologisch führt die unerläßliche Verknüpfung von innerem Erfahrungsraum und sozialer Umwelt notwendigerweise zur Frage: Wie eng – untrennbar – sind persönlicher Glaube und tragende Gemeinde, also Kirche, miteinander verbunden? Gibt es einen Gottesglauben außerhalb der glaubenden Gemeinschaft? Verkennt nicht ein Jesusglaube seine innere psychologische Struktur, wenn er sich von der kirchlichen Gemeinschaft trennt? Zunächst konnte Drewermann noch sagen: »Es hat noch nie so viel Grund zu der buchstäblich wahren Annahme bestanden, daß die Lehre der christlichen Religion, und zwar in ihrer katholischen Form, mit ihren Riten und Symbolen, Sakramenten und Mysterien für alle Menschen heilsnotwendig ist und es außerhalb davon kein Heil (mehr) gibt« (SB II, XXXI). Jetzt aber schreibt er an Erzbischof Degenhardt: »Ich aber brauche, ja, ich vermag nach Ihrem Dekret schon gar nicht mehr im Namen der Kirche zu reden; es wird fortan für mich genügen, wenn ich ganz einfach versuche, im Namen Jesu zu sprechen. Das nenne ich wirkliche Freiheit« (Wo, 407).

Hier sind keine Urteile zu fällen. Und wir hoffen, daß sich die Wogen glätten werden. Hier ist nur auf eine Stelle hinzuweisen, an der Drewermanns Denken, wie uns scheint, in das Gespräch auch und gerade mit der augenblicklichen tiefenpsychologischen Reflexion eintreten sollte.

So schreibt Drewermann zum jesuanischen Satz von der »engen Pforte« (Mt 7, 13 f): »Man mache sich nur recht klar, daß der gesamte Gedanke einer ›Volkskirche‹ mit diesem Wort eines entschiedenen Lebens schlechtweg unvereinbar ist!« (Mt I, 794⁹) Wirklich? Oder hat hier nicht eine Polemik ohne begriffliche und worthafte Rückbindung »blind« gemacht vor den Tatsachen der Verknüpfung des einzelnen mit seiner Umwelt?

Drewermann polemisiert oftmals vom subjektiven, individuellen Ansatz seiner Psychologie aus gegen die Kindestaufe: »Getauft wird man als kleines Kind, auf eine Art und Weise, die subjektiv für den Säugling als Täufling weit weniger bedeutet, als trockengelegt und gewickelt zu werden. Die ganze, für die Ewigkeit ›heilsbedeutsame‹ Prozedur ist in Minutenschnelle erledigt, und sie mutet wie ein vollendetes Possenstück an. Und in diesem Stile geht es weiter! Jede etablierte Religionsform besitzt ein Interesse, so früh wie möglich Zugang zu der Seele der Kinder zu gewinnen. Würde sie sich etwa nur darauf beschränken, die natürlichen religiösen Anlagen und Fähigkeiten des Heranwachsenden so gut wie möglich zu fördern, so wäre dagegen nichts einzuwenden; statt dessen aber bemüht sich speziell die christliche Religionsform, ihre besonderen Lehrinhalte fest in dem Bewußtsein der Heranwachsenden zu verankern. Die größten Abenteuer des menschlichen Geistes: die großen Zeugnisse wahrer Gottesbegegnung verwandeln sich somit buchstäblich in ein Kinderspiel, das sich mitteilen läßt wie das kleine Einmaleins« (Mt I, 635 f).

Wie ungerecht diese einseitige Darstellung ist (trotz des Kerns von Wahrheit, der hier wie in jeder Polemik steckt), kann Drewermann anderswo offenlegen: »Ein Kind muß zunächst mal lernen, woran es sich orientieren darf, worauf es Vertrauen setzen darf, was ihm Halt und Perspektive gibt. Und an diesen Elementen mangelt es in unserer bundesrepublikanischen Kultur ersichtlich sehr stark.« Aufgezählt werden die »Wertbegriffe: Vaterland, Tradition, Heimat, Nation, auch Religion, Glaube, Vertrauen« (Wo, 262).

Diese einzelnen, polemisch überspitzten Aussagen sollen nicht so sehr in sich bewertet werden, sondern darauf hinweisen, daß die Reflexion über die soziale Seite der Tiefenpsychologie die Theologie Drewermanns erweitern und – auf deren tiefreligiöser Basis – Vorstellungen wie Gemeinde, Kirche usw. in den Grundansatz integrieren könnte.

(c) Damit allerdings würde sich die tiefenpsychologische Methode nicht mehr als »dogmatische Wissenschaft«, wie beim Gründer Sigmund Freud, sondern als »hermeneutische Praxis« erweisen, wie sie heute ganz allgemein eingeschätzt wird. Alice Miller beschreibt diese Alternative als »Dogma und Erfahrung« (AM, 19–58). An die Stelle eines von vornherein festgelegten Deuteschemas ist die je neu zu erarbeitende Empathie mit dem Patienten getreten; und sie fordert zugleich die ganze Subjektivität des Therapeuten ein. Miller erläutert dies von ihrem Arbeitsbereich her, der Beschäftigung mit Kindern und kindheitsgeschädigten Erwachsenen: »*Daß* die Kindheit das spätere Leben des Individuums prägt, ist freilich eine formale Aussage, und nur als solche kann sie Allgemeingültigkeit beanspruchen. Das *Wie* dieser Prägung ist kulturspezifisch und dem gesellschaftlichen Wandel unterworfen; es muß in jeder Generation neu untersucht und in jedem einzelnen Leben im Besonderen verstanden werden. Jeder Versuch, dieses *Wie* für alle Zeiten bestimmen zu wollen, z. B. mit Hilfe des Ödipuskomplexes und der Triebtheorie, trägt für die Psychoanalyse die Gefahr einer Selbstverstümmelung in sich« (AM, 12).

Wer mit dieser Unterscheidung an Drewermanns Psychoanalyse der »Kleriker« herangeht, wird eine typisch dogmatische Psychoanalyse entdecken (JS, II, B). Es geht ihm nicht um »eine rein empirische«, sondern um »eine idealtypische Untersuchung« (NH III, 188). Das empirische, hermeneutische Verstehenwollen des einzelnen Betroffenen oder des »Hintergrunds der Psychologie des Klerikerseins mit den üblichen Mittel der Befragung und Statistik« mache »keinen Sinn«; denn es fällt »den meisten Klerikern unzumutbar schwer, auch nur von weitem sich einzugestehen, wie problematisch und konfliktreich das Eheleben der eigenen Eltern verlaufen sein muß« (Kl, 290–291). Das ist die Immunitätsstrategie einer »dogmatischen Psychoanalyse«, die jedem, der nicht nach dem vorgefaßten Schema reagiert, vorwirft: Das genau ist deine psychologische Verklemmung, daß du noch nicht nach meinem befreienden Schema reagierst. Damit ist jedes Gespräch, jede Interaktion von vornherein abgeblockt.

Das Ergebnis von Drewermanns idealtypischer, nicht empirischer Analyse ist nun: Klerikersein erfordert »einen vollkommenen Verzicht auf die Entfaltung der eigenen Person zugunsten einer möglichst totalen Identifikation mit der Funktion eines Amtsträgers der katholischen Kirche« (NH III, 188). Das wiederum besage »den Ausfall einer wirklichen Rückkoppelung zwischen Lehre und Leben, zwischen Amt und Person in der Psyche des einzelnen Klerikers mit dem Aufbau einer erdrückenden Stabilisierung im Über-ich.« Andere Versuche, das Priestersein zu verstehen, seien nur »klar erkennbare Rationalisierungen seines Maximums an verbeamteter Entpersönlichung« (NH III, 189–192).

Drewermann analysiert auch – dogmatistisch, nicht hermeneutisch – das Werden dieses Klerikerpsychogramms. Am Anfang stehe »die dramatische Steigerung des Erlebens« »der Fremdheit und Unbehaustheit des menschlichen Daseins inmitten der umgebenden Welt«. Ein Kind habe sich »von klein auf im Gegenüber seiner Eltern und Geschwister als überzählig, hinderlich oder störend erlebt«, versuche daher, »die ursprünglichen Aggressionen gegen die Eltern in schwere Schuldgefühle für die Tatsache der eigenen Existenz umzuwandeln« und »so angepaßt, widerspruchsfrei und nützlich nach außen hin zu leben, wie es irgendwie geht«. Dann aber flüchte es »aus der persönlichen Unsicherheit in das objektiv Wichtige und Richtige«; die »Angst, etwas falsch machen zu können«, solle sich aufheben in einen »Dienst nach Vorschrift«. »Existieren wird durch das Funktionieren« ersetzt (NH III, 193 f).

Hinzu komme die Sakralisierung dieser Selbstaufopferung des eigenen Ich durch die kirchliche »Opfertheologie«, die schon berührt wurde (47 f). Als Kind erlebte der Kleriker nämlich in der Familie »eine Situation, in welcher die Stabilisierung der elterlichen Ehe nur gelingt, indem einer der Ehepartner (die Mutter z. B.) sich für die Interessen des anderen (des Vaters) *opfert*«; und so begreife das Kind »das Selbstopfer des eigenen Elternteils als Lebensgrundlage und ideales Ziel der eigenen Existenz« (NH III, 195). Franz von Assisi ist für Drewermann das historische Beispiel einer solchen Opferideologie (vgl. oben S. 12 f).

An zwei Stellen sei die Argumentation exemplifiziert. Das kirchliche Stundengebet, als »eine Kette von genau angegebenen Gebetszeiten und Gebetstexten« wird als eine »›objektive‹, formalisierte, beamtete Äußerlichkeit aller Ausdrucksgebärden« gedeutet, »bis dahin, daß jede eigene Seelenregung als das Fragliche, als das im Grunde Illegitime, zumindest aber als das Nebensächliche und Zweitrangige erscheint« (NH III, 191). Das Wiederholungsgebet im Rhythmus des Tages scheint grundsätzlich, besonders wenn es als »Pflicht« aufgetragen wird, eine Perversion des Betens zu sein. »Jesus scheint zu sagen, daß er diese Praxis für einen groben Unfug hält – als wenn Gott damit zufrieden wäre, daß er sogar noch das Gebet eines Menschen, mithin das Lyrischste, Subjektivste und Persönlichste, das sich denken läßt, entfremdet vorgeführt bekommt als eine ›Aufgabe‹, die von außen auferlegt wurde« (Mt I, 522 f). Ganz abgesehen von der »historisch-kritischen« Fehlleistung dieser Aussage – denn Jesus selbst hat die Gebetspflichten des Judentums getreu erfüllt –, kann man nur verständnislos den Kopf schütteln, wenn Drewermann wenige Zeilen danach dieser diskriminierten Gebetsweise die Praxis der »tibetanischen Gebetsmühle« als »weise und gut« gegenüberstellt. »Genauso wie an einem Schwungrad von außen dreht sich das Leben, und alles dreht sich im Kreise; wir aber hoffen, erlöst zu werden vom ewigen Im-Kreis-laufen-Müssen. Und das ist ein sehr kostbarer Gedanke.« Und auf der nächsten Seite wird der kritisierten christlichen Gebetsordnung sogar das Beten des Muslims als vorbildlich entgegengestellt. So undifferenziert, wie das geschieht, kann man es nur als ein dogmatistisches Vorurteil des Psychoanalytikers bezeichnen.

Ähnliches gilt für die Kritik am priesterlichen Pflichtzölibat, der mit Recht, wie uns scheint, von vielen Theologen und auch Bischöfen diskutiert wird. Aber wie dogmatistisch klingt es bei Drewermann: »Es bedarf psychoanalytisch keiner langen Erörterung, daß die katholische Kirche in ihrer Einheit aus patriarchaler (päpstlicher) Zentralautorität, Madonnenmystik und Zölibatsforderung durch und durch *ödipale* Strukturen aufweist und daß die Idealisierung einer äußerlich verstandenen Keuschheit identisch ist mit der Unterdrückung der Sexualität, mit der Gefühlsambivalenz der Männer gegenüber den Frauen, sowie mit einem System veräußerlichter Herrschaft im Inneren wie im Äußeren.« Auch hier wird also die personale Unreife des Klerikers zurückgeführt auf Kindheitstraumata. »Des weiteren scheint es klar, daß eine in der Pubertät einigermaßen normal verlaufende Sexualentwicklung mit der Idealisierung eines lebenslänglichen Verzichtes auf menschliche Erfüllung in der Liebe eines anderen Menschen schlechterdings unvereinbar ist und daß die katholische Kirche auch hier von dem Vorwurf nicht freizusprechen ist, sie beute im Grunde frühkindliche und pubertäre Gehemmtheiten zur Stärkung ihrer institutionalisierten Machtstrukturen aus und sie nenne ›Gott‹ am Ende die Angst eines kleinen Kindes vor der strafenden Autorität seines Vaters, dessen irdische Gewalt sie in der Anmaßung ihrer eigenen göttlichen Prärogative verewige, statt sie zugunsten der Menschen durchzuarbeiten und abzutragen« (NH III, 203 f).

Wie sehr hier das Ergebnis eines psychoanalytischen Dogmatismus, aber keiner einfühlenden, psychoanalytischen Hermeneutik vorliegt, möge die Kritik eines Kirchenhistorikers zeigen, der selbst als verheirateter Priester zu den schärfsten Kritikern des Pflichtzölibats gehört. Er nennt ihn ein »Klerikermodell« und weist darauf hin – wie übrigens auch G. Greshake (PH, 10–31) –, daß Drewermanns Analysen sowohl für das persönliche Leben eines Klerikers wie für institutionelle Strukturen beachtet werden müssen. Doch dann fährt er mit Blick auf die Empirie fort: »Um wirklich glauben zu können, (daß) alle Priester und Ordensleute kranke, total kaputte Typen seien, dürften einem freilich nicht so viele Priester bekannt sein, von denen sich das Gegenteil behaupten läßt.« Und auch zur Argumentation schreibt er als Kirchenhistoriker: »Drewermanns kirchenhistorische Gewährsleute lassen sich an den Fingern einer Hand abzählen: Karl-Heinz Deschner, Friedrich Heer, H.C. Lea, Uta Ranke-Heinemann, Peter de Rosa – alles Namen, die nicht gerade für Objektivität stehen« (FD, 40–45).

Gemessen an der Methodik heutiger Psychoanalyse scheint Drewermanns Ansatz einer längst vergangenen Zeit anzugehören.

(d) Gisbert Greshake, der als Theologieprofessor und auch als Spiritual die Situation des Klerikers nicht nur dogmatisch und nicht nur aus krankhaften Randfällen, sondern empirisch kennt, muß Drewermann »in vielen prinzipiellen Feststellungen mit seinen phänomenologischen Beschreibungen und Analysen trotz aller Verzerrungen und teils bösartiger Unterstellungen tendenziell« recht geben (PH, 12). Als Glaubender allerdings weiß er: Gottes Gnade ergreift den Menschen in seinem »durch physiologische Vererbung, geschichtliches Situiertsein und psychologische Determinierung geprägten Wesen«, in seiner »durch die Sünde verwundeten und verdorbenen Natur«. Alle Menschen, »Kleriker und Nichtkleriker sitzen letztendlich doch in ein und demselben Boot menschlicher Widersprüche, Gebrochenheiten und Abgründigkeiten« (PH, 16 f). Gerade Drewermanns Erbsünden-Lehre hat dies aufgezeigt.

Was den Kleriker vom Laien aber unterscheidet, ist der existentielle Bezug zum Amt, das er in seiner Person und nicht nur in einem Job oder einem Geld-Beruf vertreten soll. Hierzu kann Greshake auf die Bedeutung des Sozialen, des »Anderen«, der menschlichen Umwelt hinweisen. Es ist »die Dimension des ›Außen‹, die mich wirklich weiterbringt, die mich befreit vom Kreisen um mich selbst, von meinen Verengungen und Verkrampfungen und mich in die Weite des Beziehungsnetzes Welt hineinstellt. Wo personale Begegnungen nicht nur je situative einmalige Ereignisse sind, sondern in ständiger Treue und Verläßlichkeit gründen, da nehmen solche Verleiblichungen bereits Formen anfanghafter Institutionalisierung an. Ich kann mich darauf verlassen, daß dieser so oder anders reagiert« (PH, 20 f). Wie schon zur Kritik Drewermanns an der Befreiungstheologie gezeigt wurde, gehört die soziale Umwelt, der »Andere« konstitutiv zur Selbstwerdung der Person.

Das kirchliche Amt als Gestalt der überindividuellen, sozialen Umwelt aber ist »Institution, verläßliche Verleiblichung des Heilswillens Jesu Christi«. »Gerade die objektive Amtlichkeit des Amtes bewirkt, daß die Gemeinde nicht an die *Person* des Amtsträgers, sondern an den Herrn gebunden sind« (PH, 22 f). Der Priester nun hat für seine Personwerdung »den geistlichen Grundauftrag, sein Leben in besonderer Weise für die ›Verleiblichung‹ des Heilswerkes Christi transparent zu machen und in diesem Sinn sich in seine amtliche Beauftragung ganz und gar hineinzustellen.« Das kann nur für den eine »Entpersönlichung« bedeuten, dem der klassische christliche Glaube selbst in seinem Ursprung und in seinem kirchlichen Weiterleben eine Entwürdigung der Person bedeutet und nicht die Erfüllung des Schöpferwillens Gottes, daß der Mensch er selbst werde.

Greshake möchte Drewermanns »pauschalisierende

›Hammer-Analyse‹ lesen als oft erhellende Kritik an einem nicht gelingenden Zueinander von Person und Amt, von personaler Freiheit und Institution« (PH, 24 ff), doch in ihren dogmatischen Behauptungen gehe sie an der Tatsache des Christentums vorbei. Das zeigen auch die drei Therapievorschläge, die Greshake den Priestern und Klerikern macht: 1. »Wahrhaftigkeit, Vertrauen, Gemeinsamkeit«, damit vieles von Drewermann aufgreifend, aber in die »Interaktion« stellend. 2. »Ich-Stärkung«, die er aber nicht »blauäugig« wie Drewermann versteht, als ob man nur ja sagen müsse zu dem, was in einem liegt, sondern als den Auftrag, »*meinen* ganz persönlichen Weg vor Gott und *meine* ganz persönliche Sendung zu den anderen zu entdecken«. 3. »Christusbeziehung«: »Glaube ist persönliche, einmalige Beziehung von Person zu Person, zwischen mir und Christus und seiner ›Sache‹, dem Reich Gottes. Wenn ich davon nicht fasziniert bin und mich nicht immer neu faszinieren lasse, wird alle institutionelle Vorgabe und Herausforderung, die das kirchliche Amt mit sich bringt, zum entfremdeten Zwang, dessen schlimme Folgen Drewermann an vielen Beispielen aufzeigt« (PH, 28 f).
Wir stehen damit vor der Mitte des Gesprächs mit der Theologie Eugen Drewermanns, wie auch J. Werbick oder R. Baumann (JW; RB) zeigen, nämlich vor der Frage nach Jesus Christus.

d) Jesus Christus
– ist die Tür Gottes zum Menschen und des Menschen zu Gott

Wiederum ist Eugen Drewermann zu danken, daß er auf psychologischer und religionsphänomenologischer Basis mit aller Hochachtung vor den religiösen Überlieferungen der Menschheit die Einmaligkeit des Jesus von Nazaret und auch die absolute Bedeutung seines Lebens, Sterbens und Auferstehens für die menschliche Religiosität herausstellt. So schreibt er am 17. Juni 1987 an Erzbischof Degenhardt: »Sie mahnen mit Nachdruck an, daß Jesus uns zu einer bestimmten Zeit, unter bestimmten Umständen, historisch einmalig, erlöst habe. In dieser Frage, sehr geehrter Herr Erzbischof, sind wir völlig der gleichen Meinung. Ohne die historische Wirklichkeit der Person Jesu hätten wir den Glauben niemals gefunden, der uns freimacht für Gott, für uns selber und für die Menschen an unserer Seite« (KS, 240). Oder, nun allerdings präzisierend, am 23. September 1991: »Ich habe Jesus und Christus niemals voneinander getrennt, ich betone aber, daß Historie und Glaube nicht dasselbe sind; und was historisch ist, muß historisch erforscht werden; es ist nicht möglich, historische Fakten dogmatisch zu dekretieren« (Wo, 350).

(a) Und so schildert Drewermann im Matthäus-Kommentar Jesus auch »historisch«: »Soviel unter den Übermalungen muß historisch stimmen, daß von der Person Jesu eine Kraft ausging, die Menschen immer wieder über die Schwellen ihrer Angst hinweghob« (Mt I, 359). »Eben darin liegt ja die unerhörte Art der Menschlichkeit (oder Göttlichkeit) Jesu, daß er etwas, das wir nur punktuell erahnen, den Mut und die Kraft hatte, ins Grundsätzliche zu treiben« (Mt I, 375). »Jenes unerhörte, seltsam anmutende Wunder der Berufung, daß Jesus Menschen anredet, und sie vergessen buchstäblich alles, was man sie gelehrt hat; es ist, als könnte ein jeder unter dem Anruf Jesu sich noch einmal neu definieren und sein Leben so beginnen, wie es eigentlich gemeint ist« (Mt I, 355).

Und darin findet Drewermann die Einmaligkeit Jesu im Unterschied zu anderen Menschen. »Immer (nicht nur bei dem Menschen Jesus von Nazaret) ist der Traum mehr als die Wirklichkeit, ist der Gesang im Herzen der Menschen wahrer als der Gang der Geschichte« (Mt I, 161 f). Doch Jesus, »dieser größte aller Träumer und Visionäre, wird durch den Gang der Geschichte nicht widerlegt, im Gegenteil: die Geschichte selbst in ihrer immanenten

Logik muß als erledigt gelten, wenn sie nichts anderes tun kann, als ihn zu vernichten; sein Scheitern in der Geschichte ist in Wirklichkeit sein Sieg über die Geschichte und der Anfang eines wirklichen Lebens, das eine neue Daseinsform in einer neuen Welt mit einer neuen Geschichte eröffnet« (Mt I, 163 f).

Drewermann greift eine Binsenwahrheit heutiger Bibelwissenschaft auf, wenn er zeigt, daß die biblischen Titel für Jesus, Gottessohn oder Messias, nicht einfach deckungsgleich sind mit der dogmatischen Aussage, daß Jesus als Gottessohn mit dem Vater wesensgleich ist. Daher versucht er eine Brücke zwischen der exegetischen Erkenntnis und der Dogmatik vom Sohne Gottes, zwischen dem Jesus der Geschichte und dem Christus des Glaubens zu schlagen. Jesus nämlich lebte und predigte: »Dieses nie Vorzustellende, dieses nie zu Fassende (was mit Gott gemeint ist; JS) soll der Halt und die Festigkeit unseres ganzen Lebens sein; derjenige aber, der sich in diesem Raum des nie Gestalt Gewinnenden so fest fühlt, daß seine eigene Person darin Gestalt und Form erhält, der ist mit Recht als der ›Sohn Gottes‹ zu bezeichnen« (Mt I, 599). »›Gottes Sohn‹ zu sein – es wird für ihn bedeuten, den Menschen dies zu zeigen und davon zu leben, daß Gott allein uns alles ist: das, was uns Frieden gibt und unseren Hunger stillt, was unser Leben trägt und unseren Schmerz beruhigt« (Mt I, 332).

In diesem, von Jesus uns eröffneten Vertrauensverhältnis zu Gott findet Drewermann die »Einzigartigkeit des Christentums. Ich glaube nämlich, daß bei der Psychoanalyse, aber auch im Buddhismus und den übrigen fernöstlichen Religionen und Philosophien ein Moment zu kurz kommt, welches das Christentum prägt und qualifiziert: Das Moment von Angst und Vertrauen. Die Revolution des Christlichen liegt wesentlich in der Entdeckung, wie wenig Menschen im Grunde durch eine äußere Ordnung getragen werden. Wird das Problem so verstanden, gibt es nur die eine Antwort von Jesus: ein absolutes vertrauensvolles Gegenüber, das gegen alle Widersprüche trägt. Ein solches Gegenüber aber läßt sich nur durch die Nähe von Menschlichkeit vermitteln« (Wo, 233). Es ist die Menschlichkeit, die uns Jesus geschenkt hat.

(b) Drewermann will das neutestamentliche Sprechen vom »Gottessohn« historisch verstehen: »›Gottessohnschaft‹ bedeutet hier (Mk 13,32) eine äußerste Form vertrauensvoll gelebter Menschlichkeit. Keineswegs sieht er (Markus; JS) in dem Mann aus Nazaret einen übermächtigen Alleskönner, vielmehr heilt der Jesus des Markusevangeliums die Kranken einzig durch das Vertrauen, das er in ihnen erzeugt« (Mt I, 71).

Aber schon bei Matthäus beginne die theologische Überfremdung: »Die Verkündigung von Jesus als dem messianischen Wundertäter überwiegt bei diesem Evangelisten ganz deutlich jedes menschliche Interesse; die Theologie, wenn man es so will, verdrängt die Anthropologie, oder: Die Soteriologie wird eingeschmolzen in die Christologie. Aus der Wundergeschichte des Markus wird bei Matthäus mit ein paar Veränderungen eine Geschichte von dem erfüllten Glauben an Jesus als den ›Herrn‹. Dahinter steht eine Verschiebung des gesamten Ausgangspunktes. Wenn es bei Markus noch die Menschlichkeit Jesu selber ist, die als so dicht und nah erfahren wird, daß sich dabei die Riegel zwischen Himmel und Erde, zwischen Gott und Mensch zu lösen beginnen, so verwandelt sich bei Matthäus das mühsam errungene Ergebnis einer menschlich erfahrbaren Zuversicht in einen neuen, fertig vorliegenden Ausgangspunkt, in eine theologische Behauptung. Die Natur des ›Erlösers‹ löst sich in dieser Sichtweise immer weiter aus den Erfahrungsbedingungen heraus und wird zum Gegenstand christologischer Überhöhung beziehungsweise dogmatischen Wissens« (Mt I, 80–83).

In der weiteren Kommentierung der Texte des Matthäusevangeliums deutet Drewermann diese »überhöhten« Aussagen nun »symbolisch« und eben nicht historisch; denn »nur in einer symbolischen Sprache (der Christologie) ist es möglich, die Wirklichkeit und Bedeutung einer Person (der Person des Jesus von Nazaret) auszusagen, und so verwende ich vor allem die Traumpsychologie und Anthropologie der Psychoanalyse, um die Realität der symbolischen Darstellungen zur Wiedergabe historischer Erfahrungen plausibel und mitteilbar zu machen« (Wo, 353).

Doch unter Einfluß der griechischen Philosophie wurde diese Symbolsprache der Erfahrung nach Drewermann immer mehr realistisch verstanden und historisch fixiert. »Sehr bald schon müssen die symbolischen Formeln zur Deutung des Auftretens Jesu in ihrer wachsenden Abstraktheit isoliert, fixiert und objektiviert worden sein, und aus den Hilfsmitteln der Deutung wurde selbst das Bedeutende« (Mt I, 635). »Gegen Ende des ersten Jahrhunderts (wurde) die Lehre entwickelt, daß in Jesus die Weltvernunft selber, der Logos, als die 2. Person der Gottheit, inkarniert sei. Vermutlich war das in seiner Zeit ein verständlicher, womöglich sogar notwendiger Weg, aber er war ganz gewiß auch sehr einseitig, und er hat vieles beiseite geschoben, was wir heute dringend brauchen würden« (Wo, 269 f).

Mit dieser Formulierung kann sich ein Christusglaube einverstanden erklären, der erkannt hat, daß jede Aussage über die Heilsbedeutung Jesu von Nazaret, die seine Innerlichkeit vor Gott berührt, unvollständig, analog, einseitig und auch je nach Kultur und Zeit neu zu fassen ist. Doch Drewermann bleibt nicht bei dem vorsichtigen Reden stehen, daß kein Sprechen von Gott ihn jemals umgreifen kann, oder wie Thomas von Aquin und eine breite Strömung christlicher Spiritualität sagen, daß unser Sprechen von Gott eher sagt, was er nicht ist, als was er ist. Drewermann findet – ganz wie manche evangelischen Theologen der Vergangenheit –, daß die sogenannte »Hellenisierung«, die in Jesus die zweite Person der Gottheit sah, ein Verrat der Botschaft Jesu war: »Die Kirche habe seit dem 2. Jahrhundert (mit ihrer der griechischen Philosophie entlehnten Dogmatisierung der Botschaft Jesu) einen Weg beschritten, der uns heute mehr und mehr ins Abseits führt« (Wo, 483). Das bringt ihn zu Aussagen wie den folgenden: »Alles, was wir tun in einem christlichen Gottesdienst, besteht in der Anrufung Jesu *als des Herrn* ; aber nicht eine einzige Silbe davon kommt Jesus über die Lippen. Erschreckend genug – *er* hätte es für Gotteslästerung gehalten, ihn anzubeten, er hätte es *nicht* gewollt. – Deutlicher läßt sich kaum zeigen, wie weit Jesus davon entfernt war, eine neue Religion aufzumachen mit einer neuen Form von Gebetsritual oder mit der Doktrin eines neuen sich offenbarenden Gottes; ganz im Gegenteil!« (Mt I, 519).

»Wieviel Heuchelei christlicher Theologie gehört dazu, die dogmatische Umwandlung der Person Jesu von einem Lehrer des vertrauensvollen Gebetes in einen Gegenstand göttlicher Gebetsverehrung mit dem Juden aus Nazareth in legitimen Zusammenhang zu bringen!« (Mt I, 772[4]). Das chalzedonensische Dogma von den zwei Naturen in Jesus widerspreche einfachhin der wahren Menschlichkeit Jesu: Die »menschliche Tragödie« seines Sterbens ist »auf dem Hintergrund eines Dogmas von der Zweinaturenlehre Christi« nicht mehr zu verstehen (vgl. oben S. 63).

Das sind Aussagen, deren Tendenz man schon in den frühen Schriften Drewermanns entdeckt: »Die Offenbarung des christlichen Gottesbildes besteht mithin nicht darin, daß in der Person Jesu eine neue Lehre in Erscheinung getreten wäre, sondern darin, daß die Haltung bedingungslosen Vertrauens zu Gott, den Jesus seinen Vater nannte, die uralten archetypischen Bilder zur Beschreibung seiner Person auf den Plan rief und zugleich damit ein integrales Bild vom Menschen gewonnen wurde, in dem der Reichtum der Mythen und die alttestamentliche Dimension von Person und Geschichte miteinander verbanden« (Tr, 140).

(c) Es ist nicht schwierig zu sehen, daß der eigentliche Gegensatz zwischen Drewermann und Erzbischof Degenhardt in diesem zentralen Glaubensbereich liegt; schwierig zu verstehen ist allerdings, wie in Gesprächen und Briefwechseln dieser Bereich umgangen wird und Drewermann zu Worten wie »Lüge« greift, wenn seine Gesprächspartner – oft ungeschickt – auf diesen bleibenden und die Mitte treffenden Gegensatz hinweisen. Bevor Drewermanns Christologie hinterfragt wird, seien noch einmal deren wichtige Anliegen in dogmatischer Sprache herausgestrichen:

1. Auch die großen Dogmen des Christentums müssen in einem anderen kulturellen Umfeld neu formuliert und auch neu verstanden werden.

2. Das Verhältnis Jesu Christi zum Vater darf nicht eingeebnet werden in ein undifferenziertes Gott-Sein; die unüberlegte Identifikation Jesu mit Gott widerspricht dem chalzedonensischen Dogma und läuft auf einen heidnischen Tritheismus oder in einen vorchristlichen Monotheismus hinaus.

3. Für unsere westliche Kultur eröffnet die Menschlichkeit Jesu einen wichtigen, wenn nicht maßgebenden Zug zum Geheimnis seiner Person.

Ist die realistisch, nicht symbolisch verstandene »hellenistische« Logos-Theologie eine Verfremdung oder eine legitime, vertiefende Entfaltung des biblischen Zeugnisses? Die vernichtende Kritik des Matthäus-Kommentars von Drewermann durch den Heidelberger Neutestamentler Klaus Berger deckt – bei aller provozierenden Einseitigkeit – gerade für unsere Frage schlimme Fehler bei Drewermann auf, z. B.: »In durchaus irrtümlicher Weise spannt Drewermann schließlich alle Menschensohnaussagen vor den Wagen einer allgemeinen Humanitätsidee, so als habe nicht nur in Mk 2,27, sondern generell ›Menschensohn‹ die Bedeutung ›Mensch‹. In den Evangelien steht die genuine, apokalyptische Bedeutung von ›Menschensohn‹ noch im Vordergrund, und da ist der Menschensohn Repräsentant Israels und gerade nicht der allgemeinen Menschheit.«

Gegen die eigenen Übersetzungsprinzipien hat Drewermann die Jüngerberufung bei Markus (vgl. S. 83) verwischend-ungenau übersetzt, so als wolle er die Radikalität der Aussage abschwächen. Doch gerade die Jüngerberufungen dokumentieren eine historisch aufweisbare Jesuserfahrung, die nicht auf reine Menschlichkeit reduziert werden kann. Der Tübinger Exeget Martin Hengel

schreibt dazu (MH, 97 f): »Das ›Charisma‹ Jesu durch-
bricht die Möglichkeiten einer religionsphänomenologischen Einordnung. Gerade auch die einzigartige Weise,
in der Jesus einzelne zum ›Nachfolgen‹ berief, ist Ausdruck dieser unableitbaren ›messianischen‹ Vollmacht.
Man kann daher H. Conzelmann nur zustimmen, wenn
er hervorhebt: ›Im Verhältnis Jesu zu seinen Jüngern do-
kumentiert sich das Spezifische seines Selbstbewußt-
seins‹.« Ernst Lohmeyer (EL, 57–79) hat vor Jahrzehnten anhand der so belanglos klingenden Formel »Und
Jesus ging vorüber« recht Ähnliches aufgezeigt.
(d) Ist also die hellenistische Neuinterpretation der Gottessohnschaft Jesu als Verhältnis des menschgeworde-
nen Logos zum Vater eine Verfälschung des Jesus-Glau-
bens, die man höchstens noch »symbolisch« ausdeuten
darf, aber nicht mehr »realistisch«, wie es die frühe Kirche und dann die christliche Tradition bis heute tut?
Wie schon gezeigt, muß man zur Beantwortung der
Frage von der Begrifflichkeit, die sich ändern kann und
muß, in den existentiellen Vollzug des Glaubenden hin-
eingehen. Und dort lautet die gleiche Frage: Steht Jesus
neben der Beziehung des je einzelnen Menschen zu Gott
als Helfer, als Psychotherapeut, der die innere Gottes-
sehnsucht gleichsam entbindet? Oder hat er unabdingbar notwendig einen Platz *innerhalb* dieser Beziehung zu
Gott, die nach Drewermann dem Menschen erst ermöglicht, voll und ganz Mensch zu sein? Nicht an den Formulierungen, wohl aber an dieser existentiellen Beziehung selbst scheiden sich die Geister.
Natürlich ist es letztlich eine Glaubensfrage, die sich
nicht kausallogisch beweisen läßt. Aber die christliche
Tradition baut ganz und gar auf dem Glauben auf, daß
Jesus von Nazaret *in* der lebendigen Beziehung zu Gott
– und nicht nur neben ihr stehend, hinweisend und er-
öffnend – einen bleibenden Platz hat. Die Bibelwissenschaft aber zeigt, daß schon in den frühesten neutestamentlichen Schriften, bei dem von Drewermann ver-
nachlässigten Paulus und auch in den Evangelien, die
Gestalt Jesu in dieser Bedeutung beschrieben wird.

Es ist nicht unsere Aufgabe, dies darzustellen. Hier ist nur darauf hinzuweisen, daß die chalzedonensische Formulierung des christologischen Dogmas sich legitimerweise als hellenistische Entfaltung auf das neutestamentliche Zeugnis berufen kann; daß das neutestamentliche Zeugnis von Jesus dem Christus als Ursprung gedeutet werden kann, aus dem wie aus einem Samenkorn sich das Dogma entfaltet. Es ist dies – in der Tatsachenwelt der Historie – nur ein »kann«; erst im Glauben wird es ein »muß«. Aber das ist wiederum eine der Botschaften von Eugen Drewermann, dieses »Muß« des Glaubens psychoanalytisch aufzuzeigen. Ob dies nicht auch für den Glauben an Jesus Christus möglich wäre?

(e) Eine Hilfe zu diesem letzten, christlich entscheidenden Schritt kann aus dem Dialog mit der Religiosität des indischen Subkontinents (JS IV, 53–103) erwachsen. Die aufklärerische Skepsis des Abendlandes, die Klaus Berger in Drewermanns theologischem Entwurf findet (KB), hat Gott aus der konkreten Welt als menschiches Traumgebilde und Hilfskonstruktion verbannt. Das aber ist der ostasiatischen Religiosität völlig fremd. Deren Eigenart ist es, das Göttliche, das Absolute, Gott oder welcher Name dafür steht, gegenwärtig, in unmittelbarer Nähe zu erfahren; so nahe, daß man eher der empirischen Welt Unwirklichkeit – Maya (Schein), Lila (Spiel) – zuschreiben möchte. Das christologische Dogma, das in der historisch aufweisbaren Gestalt Jesu gründet, verbindet schon von der Formulierung her: ganz Mensch und ganz Gott, diese beiden Tendenzen zur Einheit (eine Person): ja zur Welt, zum Menschen – wie in der westlichen Aufklärung – und ja zu Gott wie in der ostasiatischen Religiosität. Gerade diejenigen, die im Dialog mit dieser stehen, erkennen neu den menschlichen Wert dieses Dogmas, das als hellenistisch verschrien wird. Wohl der größte von ihnen, Henri Le Saux OSB, als hinduistischer Sannyasin Abhishiktanada genannt, hat dem sein Buch »Indische Weisheit – christliche Mystik« gewidmet, und Raimundo Panikkar, der dieses Denken in geistreicher Weise fortsetzt, betont:

»Christus wird nicht *nur* als historischer Erlöser, sondern *auch* als alleiniger Sohn Gottes, als die zweite ›Person‹ der Trinität, als das einzige ontologische Bindeglied – zeitlich und ewig – zwischen Gott und Welt gesehen« (JS IV, 76).

Es wäre wichtig, die berechtigten Anliegen Drewermanns aufzugreifen und in die klassische, vielleicht neu zu formulierende Christologie zu integrieren. Von Gott her gesehen: Jesus, in dessen Menschsein, in dessen Leben und Lehre nicht nur ein Zeugnis von Gott-Vertrauen, sondern Gottes Liebe selbst sichtbar geworden ist: »Ich bin das Licht der Welt« (Joh 8,12). Und auf Gott hin gesehen: Jesus, der nicht nur auf Gott hinweist, sondern in dem jeder Mensch Gottes Antlitz, Gottes Wort begegnet: »Ich bin die Tür, wer durch mich hineingeht, wird gerettet werden« (Joh 10,9).

e) Gott
– ist lebendiges, Sinn und Vertrauen schenkendes
  Geheimnis

Die gerade zitierten Ich-bin-Worte lassen sich auch ausschließlich symbolisch interpretieren; und dann kann Jesus als eine Art Guru, wenn auch von höchstem Rang, gedeutet werden. Doch wenn sie mit Bibel und Tradition existentiell verstanden werden, stellen sie Jesus in das gleiche Grundvertrauen hinein, das Gott gehört und das nach Drewermann nur deshalb dem menschlichen Suchen Sinn verleihen, die reale Angst besiegen kann, weil es in der Realität Gottes gründet. Dabei ist es unerheblich, ob man dieses reale Grundvertrauen sprachlich nur »symbolisch« oder ähnlich ausdrücken kann: »Wir brauchen den Gedanken an Gott, um wir selbst zu sein« (Mt I, 372). »Man kann Gott als der absoluten Person nur absolut, nur ›blind‹ vertrauen, wenn nicht alles sich verkehren soll« (Mt I, 341). In eben diesen absoluten

Vollzug, nicht neben ihn als einen »Helfer«, stellen die »Ich-bin-Worte« mit der christlichen Tradition Jesus von Nazaret, der als Auferstandener bei Gott ist. Im Vollzug nur erschließt sich die Wahrheit der Christologie; in symbolischer oder begrifflicher Aussage, in »Anschauung« und »Gedanke« ist sie immer nur unvollkommen, analog darzustellen. Dabei hat allerdings der »symbolische« Ausdruck, nicht aber die »begriffliche« und rein historische Aussage, die Kraft, Menschen in den religiösen Vollzug hineinzuführen.

Die scharfe Kritik, die Drewermann an der historisch-kritischen Exegese ob ihrer begrifflichen und rein-historischen Methode übt, ließe sich gegenüber der – allerdings vergangenen – dogmatischen Theologie wiederholen: »Die kirchliche Dreifaltigkeit griff aus dem Spektrum des religionsgeschichtlich vorgegebenen Archetyps der göttlichen Dreiheit dogmatisch nur eine, und zwar die vom Mythos relativ entfernteste Vorstellung auf. Indem sie die göttlichen Dreiheiten von Geburt und Auferstehung (der religionsphänomenologischen und archetypischen Welt; JS) zudem vergeschichtlichte, zerstörte sie die organische Einheit des mythischen Archetyps und behielt eine Reihe schwer vereinbarer Fragmente zurück« (Tr, 140). Daß aber diese »Lehre« nicht erst in der »symbolischen« Anschauung und in der »begrifflichen« Reflexion, sondern zunächst im Vollzug des Vertrauens auf Gott ihren Platz hat, kommt, soweit ich sehe, Drewermann niemals in den Sinn.

(a) Im Gegenteil! Manchmal zieht auch er den vertrauenden Vollzug auf Gott hin in die Kälte des begrifflichen, empirischen Denkens hinein. Die Wissenschaft von heute mache es »nicht mehr möglich, die Grundvoraussetzung der biblischen Geschichtstheologie zu teilen, derzufolge Gott am Anfang aller Zeit planvoll und absichtsvoll diese Welt gestaltet hätte: immer schon im Prinzip wissend, was sich zu jedem beliebigen Zeitpunkt später ereignen werde und was er dann zu tun gedenke. Die christliche Theologie hat diesen Vorsehungsgedanken sogar noch weiter vorangetrieben: – jeder einzelne

Mensch steht nach der traditionellen kirchlichen Lehrmeinung unter einer besonderen Vorsehung Gottes. Diese Zuversicht ist rein wissenschaftstheoretisch heute nicht mehr zu halten. Vor allem die Quantenmechanik zeigt uns zuverlässig, daß es eine Vorhersehbarkeit der Zukunft nicht gibt. Die Betrachtungen (der »Chaostheorie«; JS) widerlegen den Glauben an einen Gott, der ›allwissend‹, ›allmächtig‹ und ›allgü-(1?; JS)-tig‹ diese ›seine‹ Welt durchwaltet« (Mt I, 158). »Das Ernstnehmen auch nur der Systemtheorie würde für die heutige Theologie bedeuten, daß es keinen Gott mehr gibt, der am Anfang der Welt gewußt hätte, was im Jahre 1990 auf diesem Planeten sein wird« (Wo, 268). Drewermann glaubt, ähnlich wie Laplace, den er zitiert, daß die »Wissenschaft« den allmächtigen Schöpfer-Gott entthront habe. Doch verwechselt er damit nicht das Wissen Gottes mit Wissensmethoden und Wissensvorstellungen der heutigen Professoren?

Wenn nun Gott nicht mehr der Herr der Welt ist, dann »ist die objektiv sich vollziehende Historie keinesfalls als der eigentliche ›Offenbarungsort‹ des Göttlichen zu betrachten« (Mt I, 161). »Nein, Geschichte, wie es sie ›wirklich‹ gibt, das ist der ewige Karfreitag Gottes, das ewige Golgotha des Menschen, und alle Religion besteht nicht darin, dieses Ereignis oder jenes als ›göttliches‹ Geschehen zu verherrlichen, sondern die Welt der Träume und der heiligen Visionen, die Poesie des Herzens und der Leidenschaft der Seele wahrzunehmen, wahrzumachen, wachzuhalten, aufzuwecken, immer wieder, gegen alles und trotz allem inmitten dieser Geschichte« (Mt I, 163).

Gottes Macht ist in dieser Welt ohnmächtig und scheint nur in einer Welt jenseits unserer harten Wirklichkeit Kraft zu haben. »Was aber hat Gott dann für Möglichkeiten, um die menschliche Geschichte zum Heil zu führen? Im Grunde nur eine einzige: durch die Jahrtausende immer erneut Erbarmen und Geduld zu üben und, ohne gewaltsam einzugreifen, den Menschen auf seinem Weg durch die Geschichte zu begleiten, ihn nicht zu verschrecken, sondern durch Güte zu beruhigen« (Mt I, 234). Daher »können alle religiösen Aussagen über den Verlauf der Geschichte niemals etwas anderes sein als der Ausdruck menschlicher Empfindung, beziehungsweise menschliche Projektionen«. Ihr Sinn besteht nur darin, »auf symbolischen Brücken die Formen menschlicher Selbstwahrnehmung, die Klärung der Motive menschlichen Handelns durchschaubarer zu machen« (Mt I, 234).

Drewermann steht mit solchen Aussagen in der Nachbarschaft einer neuplatonischen oder manichäischen Welt-Abwertung. »Gemessen an der menschlichen Sehnsucht ist alles, was die Erde bietet, *nur* Stein« (Mt I, 330). Die eigentliche, die bessere Wirklichkeit liegt in den Träumen, besonders in denen des »größten aller Träumer und Visionäre«, des Jesus von Nazaret, mit dem »die Geschichte selbst in ihrer immanenten Logik als erledigt gelten muß; sein Scheitern in der Geschichte ist in Wirklichkeit sein Sieg über die Geschichte und der Anfang eines wirklichen Lebens, das eine neue Daseinsform in einer neuen Welt mit einer neuen Geschichte eröffnet« (Mt I, 163 f).

Man kann solche Sätze recht verstehen als Ausdruck der Hoffnung über die Grausamkeit des Lebens hinaus; doch sie legen auch ein Wirklichkeitsverständnis nahe, nach dem diese harte Welt nur eine Scheinwelt wäre, die wirkliche Welt aber sich in den Träumen und den Märchen zeige. In dieser Weise deutet z. B. der anthroposophische Dichter Michael Ende in den Gesprächen mit J. Krichbaum (ME) seine Erfolgsmärchen, Momo und Die unendliche Geschichte.

(b) Es wäre aber ungerecht, an solchen Zitaten nun das theologische Denken Drewermanns hochzurechnen. Das Gegenteil ist zu sagen: Diese Weise des »Theologisierens« macht es Drewermann möglich, Menschen in ihrer Religiosität für das Christentum zu öffnen. Doch die Zitate können helfen, die menschenfreundliche Botschaft der klassischen Christologie mit ihren metaphysischen Aussagen besser zu verstehen.

Der große Vermittler des Zen-Buddhismus für das christliche Abendland, D. T. Suzuki, hat am Unterschied zwischen dem Sterben des Buddha und dem Kreuzestod Jesu auch den Unterschied zwischen Buddhismus und Christentum, zwischen Ost und West abgelesen (JS IV, 46): »In bestimmter Hinsicht ist der östliche Geist nicht auf die Leiblichkeit der Dinge gerichtet. Das relative (westlich-empirische; JS) Ich geht still und ohne viel Aufhebens im Leib des transzendenten Ichs auf. Aus diesem Grunde sehen wir den Buddha im Nirwana heiter unter dem Sala-Zwillingsbaum liegen. Da es von Anfang an keine Ich-Substanz gibt, bedarf es keiner Kreuzigung.«

Doch Jesus starb am Kreuz, weil Gottes Ja zu dieser Welt so unbedingt, so absolut ist, daß mit Jesus Gott selbst in das Geschick dieser Welt, in das Sterben hineinverflochten ist. Und zu diesem Jesus, in dem (und nicht neben dem!) er Gott begegnet, wendet sich der Christ in seiner eigenen Not. Ein Gott, der die Welt in ihrer Verlorenheit hilflos laufen lassen müßte, wohin es sie treibt, stände in der Nähe zu dem von Drewermann immer wieder karikierten Gott in der Gestalt eines hilflosen Greises. Die Möglichkeit, die er dem auf ihn vertrauenden Menschen anbietet, nun trotz Not und Leid ein guter Mensch zu werden, käme bei all dem Elend dieser menschlichen Welt fast einem Sadismus gleich: Nun leide mal schön, aber werde dabei ein guter Mensch.

Noch einmal, das ist nicht Drewermanns Theologie. Aber solche Gedanken helfen zu verstehen, warum wir glauben, daß gerade auf dem von ihm eingeschlagenen Weg erst der ungebrochene Glaube im Sinne der klassischen Lehre des Christentums: Gott wurde Mensch, sinnvoll und menschlich wird. Nur ein leidender Gott kann versöhnen mit dem Leid der von ihm erschaffenen Welt. Anselm von Canterbury hat das in seiner mittelalterlichen Denkweise auszusprechen versucht. Ein Gott aber, der unberührt in der Ferne lebt, der aus dieser Ferne nicht Herr dieser Welt sein kann, sondern nur Menschen Anreiz gibt, ein in sich ruhender, ein guter

Mensch zu werden, wäre nicht der Gott, auf den Jesus von Nazaret vertraute.

(c) Im Gespräch mit dem Anliegen Drewermanns wird die christliche Theologie notwendigerweise zur Selbstbesinnung über ihre zentrale Aussage geführt, zum Verständnis des Dreifaltigkeitsdogmas. Die einzige Stelle, an der Drewermann dieses »Dogma« nicht in seiner religionsgeschichtlichen und psychoanalytischen Symbolkraft (SB II; Tr), sondern in seiner Vollzugswahrheit berührt, findet sich, soweit ich sehe, in einem Interview mit der »Frankfurter Allgemeinen Zeitung« (WO, 310): »Ich glaube auf zwei Weisen an Gott. Ich glaube einmal daran, daß die Naturwissenschaften dabei sind, ein neues Bild auch des theologischen Denkens zu entwerfen. Gott ist in diesem Sinne etwas, das sich in der Welt und mit der Welt selbst entfaltet. Das ist ein an den Pantheismus gemahnendes Konzept von hoher Poesie und Kreativität, auch von Weisheit. In Zukunft wird nur noch eine Religion glaubwürdig sein, die zwischen Mensch und Natur eine religiöse Sinnstiftung vornimmt. Es wird eine Religion sein, die sich nach außen nicht gewalttätig und exklusiv darstellt, sondern integrierend und dialogisch. Der zweite Punkt: Die Angst ist Teil unserer Persönlichkeit und Freiheit, unsere Fähigkeiten zur Selbstreflexion. Ich halte den Glauben an einen persönlichen Gott für ein dringendes Postulat als Antwort auf die menschliche Angst. Ich glaube, das meinte Jesus. Beide Gottesbilder sind antithetisch. Aber ich halte es für möglich, daß die alte christliche Trinitätslehre fähig ist, solche Polarität miteinander zu verbinden« (vgl. auch unten 125 f).

Hier berührt Drewermann Vorstellungen, wie sie in unserer Zeit wohl kein anderer kühner und genauer formuliert hat als Teilhard de Chardin. Dabei werden allerdings auch die Unterschiede zwischen Drewermann und der klassischen christlichen Lehre offenkundig, die in den Einwürfen Erzbischof Degenhardts den ständigen, latenten Hintergrund bilden: Die Gestalt Jesu – vor- oder nachösterlich verstanden – bleibt außerhalb dieses

Gottesbildes und steht als der Verkünder nur neben dem Menschen. Das »an den Pantheismus gemahnende Konzept« der Evolution erinnert an Teilhard de Chardins Vision (JS IV, 155–163). Bei Drewermann scheint diese Entwicklung selbst den Namen »Gott« zu tragen – ähnlich wie in der amerikanischen »Prozeß-Theologie«. Bei Teilhard de Chardin aber ist Gott – oder richtiger: Gottes Geist – nicht die sich entfaltende Welt in sich selbst, sondern er ist die Kraft, welche die Welt zur Entfaltung bringt.

Was Drewermann zu sagen hat, liegt allerdings auf der Ebene des empirisch (naturwissenschaftlich oder psychologisch) Feststellbaren. Nur im existentiellen Sprung der Angst ins Vertrauen übersteigt er diese Empirie auf Gott hin. Hier nun sollten die Fragen und das Gespräch ansetzen: Steht nicht die Gestalt Jesu Christi innerhalb des Vertrauensverhältnisses zu Gott, in dem allein die Urangst des Menschen überwunden werden kann? Und ist dieses »an den Pantheismus gemahnende Konzept« die empirische Gestalt dessen, was der christliche Glaube Gottes Geist nennt? Und gibt es nicht für beide gewiß nur im Glauben zu realisierende Zugänge zu Gott genügend empirische Grundlagen? Das nämlich ist doch eine Grundeinsicht, die Drewermann mit der heutigen christlichen Theologie teilt: Der integrale Zugang zum Jesus der Heiligen Schrift und ebenso zum metaphysischen Sinn von Geschichte oder Entwicklung gelingt nur, wenn einer seine eigene Subjektivität, also auch seinen Glauben mit in den Blick auf die Phänomene einbringt.

Es ist nicht nur »möglich«, sondern für den Glauben tatsächlich zu erwarten, daß die »alte christliche Trinitätslehre«, wenn sie auf dem heutigen kulturellen Hintergrund neu gefaßt wird, »fähig ist, solche Polarität miteinander zu verbinden«. Drewermann stellt die Theologie vor diese Aufgabe.

f) Die Kirche
– ist die Interaktionsgemeinschaft der an Jesus Christus
  Glaubenden

Vom überlieferten christlichen Glauben und auch von
der wissenschaftlichen Reflexion her stehen nach dem
bisher Gezeigten zum Gespräch mit Eugen Drewermann
zwei Grundfragen an.
1. Darf man aus einer psychoanalytischen oder religionsphänomenologischen Symboldeutung so weitrei-
chende Konsequenzen ziehen, ohne die »interaktionelle«, »senso-motorische« Verknüpfung jeder individuellen Erfahrung mit ihrer kulturellen, sprachlichen
Umwelt zu berücksichtigen? (vgl. oben S. 88 ff) Ist die
soziale Einbindung nicht konstitutiv für jede persönliche Erfahrung?
2. Ist die Aussage des Konzils von Chalzedon, Jesus
Christus sei wahrer Gott, »nur« symbolisch zu verstehen
– und dies unter Berücksichtigung des tiefen Verständnisses Drewermanns? Oder weist sie darauf hin, daß das
Verhältnis des Glaubenden zu Jesus Christus an der existentiellen und daher »realen« Qualität teilhat, die Drewermann dem Verhältnis des Menschen zu Gott zumißt?
Beide Fragen konvergieren in der Frage: Was ist Kirche?
(a) Schockiert wurde eine breite christliche Öffentlichkeit vom Spiegel-Interview Drewermanns, das zum
Weihnachtsfest 1991 veröffentlicht wurde (Wo,
438–449). Darin sagt er – neben anderen Aussagen wie
zum leeren Grab und zur leiblichen Auferstehung (50 f)
Jesu oder zum letzten Abendmahl (85 f) – zu den Sakramenten: »Jesus hat mit Sicherheit kein einziges Sakrament eingesetzt, wie heute ziemlich alle Theologen wissen. Es mag noch irgendwo Fundamentaltheologen geben, die Fundamente dort suchen, wo keine zu finden
sind. Aber das sind nur wenige.« Auf die Frage: Warum
wissen es nur die Theologen, nicht auch die Gläubigen?,

antwortet er: »Unsere Kirchengläubigen wurden lange Zeit vom Wissen der Theologen ausgeschlossen, größtenteils sind sie es noch immer. Die Theologen ihrerseits haben nicht den Mut, über all diese Fragen offen zu sprechen« (Wo, 442). Und dann ganz absolut und oftmals wiederholend: »Jesus hat keine Priester eingesetzt, schon gar keine ehelosen Priester. Wie wenig Jesus von Priestern hielt, steht an mehreren Stellen im Neuen Testament» (Wo, 446). Später nimmt er das ein wenig zurück, indem er zugesteht, daß dieses Interview nicht die Sprache des Glaubens benutze, sondern die »der Historismus-Problematik der Aufklärung; also kläre ich dort auf; die positiven Ansätze kommen dabei zu kurz« (Wo, 464).

Zu den positiven Ansätzen aber und damit zum Verständnis der Sachfrage ist zu beachten, was Drewermann in Tiefenpsychologie und Exegese schreibt (Te II, 770–37[7]): »Zur Frage der Einsetzung der Sakramente vgl. schon K. Rahner, der die *historische Begründung* der Sakramente durch Christus als eine geschichtlich unhaltbare und theologisch unnötige Position aufgibt, die er durch die Theorie von der Stiftung der *Kirche* als des Ursakramentes ersetzt.« Drewermann erweitert die Rahnersche Unterscheidung »zwischen dem impliziten und expliziten Wissen um die Inhalte der Offenbarung, zwischen unreflexem (Vor-)Wissen und reflexem, satzhaft aussagbarem ›Wissen‹« im Sinne seines Bilder-Denkens: »Das ›Vorreflexe‹ ist dabei nicht einfach das noch nicht ›Mitgedachte‹ oder im Denken noch nicht Entfaltete, sondern es ist von wesentlich anderer Qualität als das Denken.« »Der Glaube stützt sich auf projektive Symbole, aber diese können nur im Feld eines personalen (historisch begründeten) Vertrauens in heilender Weise wachgerufen werden, und es ist nicht möglich, in diesen ›mythologischen‹ Bildern lediglich die Widerspiegelung von *Ideen* auf der Ebene des Gefühls zu erblicken.«

Mit anderen Worten gesagt: Die Bildtheologie ermöglicht Drewermann, gegenüber Karl Rahner (und der

Theologie des 2. Vatikanischen Konzils) wieder näher an die vorkonziliäre Auffassung von der Einsetzung der Sakramente heranzurücken. Das, was implizit, vorreflex im historischen Anstoß, im »Ursakrament« mit-ausgesagt wurde, steht nicht in einem inhaltsleeren Rahmen, sondern ist die im Wesen des Menschen – also in Jesus wie in den Aposteln und wie in der später sich entfaltenden Kirche – liegende Welt der Bilder; in sie hinein hat sich der Anstoß Jesu bildhaft und notwendig entfaltet, ähnlich also, wie ein Kind aus einem bereitliegenden Baukastenmaterial ein Haus zusammenstellt.

Um nun voll-christlich im Sinne der Dogmatik zu sein, gehört nur noch eines dazu: In diesem Jesus, in seinem ganzen Wesen, hat Gott selbst sich offenbarend ausgesprochen, also auch in der »impliziten, vorreflexen« Welt des menschlichen Unbewußten, in der Welt der archetypischen Bilder.

Daß dann weiterhin der Geist, der dies, den Anstoß, das Ursakrament in die Kirche hinein entfaltet, Gottes Heiliger Geist ist, bedeutet ebenso eine Glaubenseinsicht, wie es auch die Erkenntnis der Offenbarung Gottes in Jesus ist. Doch auch diese Folge-Einsicht hat positive empirische Grundlagen

(b) Dazu gehört besonders die soziale Interaktion, in der allein ein Mensch sich finden und – in senso-motorischem Austausch (vgl. S. 88 f) – verwirklichen kann. Drewermann selbst will in den Fragen der Sakramenteneinsetzung, hier besonders des Priestertums, eine »Brücke zwischen Historie und Glauben schlagen« und dazu die Hilfe von »Religionsgeschichte, Verhaltensforschung, Tiefenpsychologie und Systemtheorie« (Wo, 340) in Anspruch nehmen. »Ich schreibe und sage, daß das Amtspriestertum der katholischen Kirche auf Jesus Christus zurückgeht; es scheint mir aber möglich, die seit der Reformation gestellte Alternative, entweder sei das Priestertum der Kirche von Gott oder ›nur‹ von Menschen, mit Hilfe von Tiefenpsychologie, Sozialpsychologie, Religionsgeschichte, Verhaltensforschung u. ä. zu vermeiden; weil von Gott, deshalb von Menschen, und weil für

116

den Menschen, deshalb von Gott – das ist mein Standpunkt« (Wo, 354).

Solche definitiven Aussagen, dem Spiegel-Interview scheinbar völlig widersprechend, müssen gelesen werden mit dem Wissen, daß es grundsätzlich kein Alleinsein des Menschen gibt, daß seine Persönlichkeit positiv oder negativ bis in die unbewußte, archetypische Welt hinein geprägt ist von der sprachlich-kulturellen, bildhaft-intuitiven Umwelt; das ist das empirische Fundament der Glaubenseinsicht, daß die Entwicklung der Botschaft Jesu in die Vielzahl der Sakramente hinein mit-geprägt ist vom Geiste Jesu Christi, der in der Kirche lebt. Was da also an Neuem wach geworden ist und von der Tiefenpsychologie oder der Verhaltensforschung auf »natürliche« Veranlagungen des Menschen und der menschlichen Gemeinschaft zurückgeführt werden kann, ist zugleich getragen von Gottes Geist. Gott selber hat diese Anlagen in den Menschen hineingesenkt; und vom Anstoß Jesu her – der Glaube spricht vom Heiligen Geist – hat deren Entfaltung Anteil an der Offenbarungsgestalt Jesu Christi.

Eine solche Sicht der Sakramente und der Kirche ist, wie das Rahnerzitat zeigt, zum Allgemeingut (fast) aller Theologen geworden und wurde vom 2. Vatikanischen Konzil bestätigt. Sie läßt zugleich Raum – und das ist für das ökumenische Gespräch wichtig – für Weiterentwicklungen und Vertiefungen. Sie hat aber ihr Fundament im Glaubenswissen von Jesus Christus, daß er Gottes Wort an die Menschen ist; und dies nicht nur in einem symbolisch zu verstehenden Sinn, als ob nur der Mensch Jesus uns Gott neu nahegebracht habe, sondern in dem Sinn, daß Gott in dieser Nähe sichtbar und erfahrbar in der Gestalt Jesu ist, daß also die Hinwendung zu Jesus Christus identisch ist mit der Hinwendung zu Gott, die aus der Angst befreit und den Menschen sich selber finden läßt.

(c) Drewermanns »Bildtheologie« erschließt die warme Menschlichkeit Jesu und seiner Botschaft; sie bringt dem Menschen von heute ein Stück wahren Christentums nahe. Jesus rage nicht durch irgendwelche Machtansprüche über vergleichbare Religionsgründer usw. heraus, so predigt Drewermann provozierend: »Ein anderes ist unverzichtbar, einzigartig, wunderbar an der Person des Jesus von Nazaret: daß auf ihn der Titel eines Gottes, also eines Gottessohnes, oder eines Königs und Machthabers überhaupt nicht zu passen scheint. Es gibt kaum eine menschliche Existenz, die so weit entfernt ist von jedem Machtanspruch, jedem Herrschaftswillen, jeder Verfeierlichung. *Das* ist einzigartig an der Person Jesu. *Das* ist der Punkt, wo wir ein Stück vom Himmel auf Erden berühren können. Nicht, indem wir sagen, er ist der Gottessohn, sagen wir etwas Einzigartiges, aber indem wir versuchen, seine Offenbarung zu Menschen im Vertrauen auf Gott wirklich zu leben« (Wo, 413).

In diesem Geist wendet Drewermann sich an seinen Kontrahenten, Erzbischof Degenhardt. »Ich glaube, daß die Person Jesu alle verfügbaren deutenden Bilder der Menschheit weit überstrahlt und in eine Wahrheit setzt, die sie so nie besessen haben; aber zu debattieren, ob die Jungfräulichkeit Mariens ›wirklich‹ eine historische, biologische Tatsache war oder nicht, und dementsprechend bei allen anderen Glaubenslehren der Kirche – sehr geehrter Herr Erzbischof, damit, ich versichere Sie, werde ich die letzten 20 Jahre meines Lebens nicht mehr zubringen. Endgültig nicht mehr« (Wo, 476). Doch ist diese Frage wirklich so nebensächlich? Oder hat sich nicht darin das Glaubensbewußtsein der jungen Kirche von Jesus Christus niedergeschlagen? Je eindeutiger ihr »explizit, reflex« bewußt wurde, wer sie selber ist, daß also ihr Glaubensvollzug auf Gott hin zusammenfällt mit ihrem Glauben an Jesus Christus als das Offenbarungswort Gottes, desto eindeutiger wußte sie auch von der wunderbaren Menschwerdung Jesu. Oder in der Sprache Drewermanns gesagt: Ebenso wie es der Kirche deutlich wurde, daß der »Archetyp« Gottessohn nicht nur mythischer Traum, sondern existentielle Realität sei, wurde ihr auch gewiß, daß dem »Archetyp«

Jungfrauengeburt existentielle, nicht nur »mythische« Bedeutung zukomme. Oder mit dem von Drewermann zitierten Kierkegaard: »Der Satz, es könne nicht wahr sein, daß Christus von einer Jungfrau geboren ist, weil man etwas Ähnliches von Herkules usw. und in der indischen Götterlehre erzählt, was auch nicht wahr sei, ist doch verwunderlich; der umgekehrte Schluß scheint in gewisser Hinsicht richtig zu sein: Gerade weil man es von so vielen anderen großen Männern erzählt, wo es nicht wahr gewesen ist, gerade deshalb muß es von Christus wahr sein; denn daß man es so oft gesagt hat, deutet auf den Drang des Menschen danach hin« (vgl. oben S. 35).

Doch für diese theologische Diskussion sollte man Karl Rahners Mahnung beherzigen, daß mit der Jungfrauengeburt eine »Dienst-Wahrheit« ausgesagt sei, eine Wahrheit also, die ganz und gar im Dienst der Wahrheit von Jesus Christus steht, von dem der Christ glaubt, daß er Gottes Wort, Gottes Sohn in dem eben beschriebenen existentiell-realen Sinn ist. So schreibt Rahner in seinem Gutachten von 1976 an die Deutsche Bischofskonferenz aus seiner persönlichen Frömmigkeit und seiner theologischen Reflexion heraus: »In unserer Frage der Jungfräulichkeit Marias sind wir doch alle wohl im Glauben davon überzeugt, daß Maria mit ihrer ganzen leib-seelische Existenz restlos in die heilsgschichtliche Sendung Jesu einbezogen war. Haben wir nicht somit gemeinsam ein Verständnis grundlegender Art für das, was ihre ›Jungfräulichkeit‹ bei uns allen bedeutet, auch wenn wir nicht alle mit gleicher Sicherheit und Klarheit zu wissen glauben, was diese Integriertheit ›biologisch‹ genau bedeutet, zumal wir doch alle davon überzeugt sind, daß diese restlose Integriertheit auch die Anteilnahme Marias an der Gewöhnlichkeit und Niedrigkeit des Menschseins Jesu einbeschließen muß?« (JS III, 55).

g) Die Geschichte
– der Menschen ist das Ende der Werke Gottes

Das bekannte Zitat des schwäbischen Mystikers und Theosophen Fr. Chr. Oetinger (1702–1782) mit einer wichtigen Abwandlung charakterisiert den letzten Fragenkomplex im Dialog mit Drewermann: Die Geschichte (und nicht nur die Leiblichkeit) als Ende der Werke Gottes! Es geht um die Verknüpfung des individuellen Hoffens und Heilwerdens des Menschen mit dem sozialen Hoffen und Heilwerden der menschlichen Geschichte. Drewermann distanziert sich in dieser Frage scharf vom Denken (natürlich nicht vom humanen Impuls) der sogenannten »Politischen Theologie«.

(a) In einem Gespräch mit Dorothee Sölle wird der Unterschied greifbar (JS II, 182 f). Drewermann: Gerechtigkeit »ist eine Forderung der Politik«. Sölle: »Nein, das ist Gottes Forderung.« Drewermann: »Wichtig scheint mir, daß die Religion anfängt, wo nichts mehr zu machen ist, wo Menschen an der Gerechtigkeit, z. B. des Gesetzes scheitern.« Sölle: »Ich glaube einfach nicht mehr an den mir eingeprägten Gegensatz zwischen Gerechtigkeit und Gnade. Ich kann mich doch nicht ganz anfreunden mit dem Erst-das-eine-dann-das-andere. Das kommt mir nämlich so vor wie ein theologisch gängiger Trick: Erst mußt du glauben, und dann kommt die Anwendung.« Drewermann: »Sie (Menschen, die im Vertrauen auf Gottes Gnade aus ihrer Angst erlöst wurden; JS) werden befähigt, gegen all das, und zwar kraft der eigenen menschlichen Erfahrung, aufzustehen, was unterdrückt. Ich erwarte nicht, daß in der Politik Erlösung geschieht, ich erwarte, daß sie zweckrational, menschlich und vernünftig ist. Es geht überhaupt nicht um die soziale Frage, es geht Jesus um die Stellung des Menschen zu Gott.« Sölle: »Wie kann man das auseinanderreißen? Die Stellung des Menschen zu Gott ist nicht abstrakt, ich lebe in Beziehungen. Da kann Politik nicht einfach, wie nach Ihrem liberalen Modell, sozusagen der Vernunft übergeben werden.« Drewermann: »Das alles ist so kompliziert.« Sölle: »Ich wehre mich gegen den Satz: ›Erlöst wird nur der einzelne.‹ Ich würde sagen: ›Befreit wird das Volk Gottes.‹«

In der tiefenpsychologisch-exegetischen Deutung der (biblischen) Eschatologien und Apokalypsen (TE II, 436–591) entwirft Drewermann den theoretischen Hintergrund der Diskussion mit D. Sölle. Nach ihm stellen – entgegen der gängigen Meinung – »die Eschatologie und die Apokalyptik trotz und gerade wegen ihrer Unterschiede eine im Grund einheitliche Erlebnisform dar, die sich differenziert nicht nach dem Grad der Intellektualisierung geschichtlicher Erfahrung, sondern wesentlich nach dem Anwachsen und der Dynamik der *Angst*« (472). Darf man – so fragt er die Theologie R. Bultmanns – die Droh- und Verheißungsreden der Propheten »als etwas schlechthin Zeitbedingtes und Unwiederholbares zum bloßen Aussagemittel ohne Bedeutung der einzelnen Bilder« (442) zurückstufen? Dann bleibe doch nur eine »leere Existentialisierung ihrer Gesichte« zurück mit dem mageren Inhalt: »Auf eine gewisse Weise ist die unbekannte Zukunft gegenwärtig in der Heiligkeit der Liebe (R. Bultmann)« (TE II, 442 ff). Damit aber falle sich die »historisch-kritische« Methode selbst in den Rücken; von »Historie« bleibt nichts mehr übrig.

Drewermann hält dagegen: »Allein von der Tiefenpsychologie her wird das Göttliche und Gültige der eschatologischen Visionen verständlich, und eben verständlich wird von daher auch, warum derartige Gesichte, bezogen auf die wirkliche Geschichte, sich gleichwohl immer wieder als trügerisch erweisen mußten. Erst als Weisen symbolischer Selbstbegegung lassen sich diese Bilder als vermittelnde, projektive Symbole zur Beschreibung auch der Wirklichkeit und Wirksamkeit Gottes in der Geschichte verstehen« (446 f). Gott habe nämlich »die Seele des Menschen so eingerichtet, daß sie mit einem absoluten Vertrauensvorschuß in Form von bildhaften Urszenen der Hoffnung und Geborgenheit auf die Welt gekommen ist.« Der tiefenpsychologische Sinn der eschatologischen Prophetie und apokalyptischen Visionen erweise sich darin, »daß nur auf diese Weise endgültiges Scheitern in Resignation und Verzweiflung vermieden werden kann. Unter dem Druck äußerer Blockierungen strömt die psychische Energie zurück zu den Urbildern eines paradiesischen Friedens und einer vollkommenen Geborgenheit« (451).

Der Wirklichkeitsgehalt dieser psychischen Bilder liege also nicht in der Geschichte – sei es eschatologisch über die Umkehr der Menschen zum Guten, sei es apokalyptisch durch den Einbruch des Göttlichen. Er liege in dem realen Personsein Gottes; vor ihm allein könne der Mensch die »vollkommene Geborgenheit« finden. »Diese *absolute Dimension des Personalen* ist schon deshalb nicht in innerpsychischen Prozessen aufzulösen, weil die Erfahrung der absoluten Bedeutung und Wichtigkeit der eigenen Person nur an der Person eines anderen zustande kommen kann, der mit seiner Zuwendung die eigene Person für absolut wichtig und bedeutend nimmt« (458). Und das ist Gott.

(b) Im Anschluß daran erarbeitet Drewermann »die Gemeinsamkeit und Differenz zu dem Anliegen der *sozialhistorischen Hermeneutik* und der *Theologie der Befreiung*« (461). Er kritisiert die »phantastisch anmutende Gleichsetzung von Religion und Politik. Die wirkliche Armut bekämpft man nur durch wirkliche Aktion, Planung, Vorsorge und Wandlung, und das Sprechen von Gott löst dabei nicht ein einziges Problem: die Religion aber kann helfen, die Frage zu lösen, die zum Wesen des Menschen gehören« (464[46]). Im Klerikerbuch thematisiert Drewermann die Kritik an dieser Gleichsetzung noch stärker: »›Mystik‹ und ›Politik‹ liegen nicht nebeneinander, sondern sind in gewissem Sinne *übereinander* gelagert. *Wesentlich* müssen die Menschen nicht von politischer Ungerechtigkeit, von sozialer Armut, von ökonomischer Ausbeutung und dergleichen mehr erlöst werden, sondern von der *Angst,* die auf allen Ebenen des menschlichen Daseins in Existenz und Geschichte jene Symptome des Unheils hervortreiben muß, solange sie

122

dauert. *Die Dimension des einzelnen* ist dabei von beson- derer Bedeutung« (Kl, 670 f). »Kehrt man das Verhältnis um, wird man theologisch nicht umhin können, den ver- innerlichten Zwang alter ›Werkgerechtigkeit‹ wieder einzuführen, und sozialpolitisch wird man die man- gelnde Überzeugungskraft innerer Erfahrung im Um- kreis einer vertieften Religion bald schon durch gesetz- geberische (oder militärische) Gewalt kompensieren« (TE II, 464).

Die Gefahren, die Drewermann aufzeigt, daß der politi- sche »Sachzwang« das Subjekt vergißt und dann sogar vergewaltigt (»Die Partei hat immer recht«; »Der ein- zelne ist nichts, das Volk ist alles«), sind evident und werden von der politischen Theologie erkannt und be- dacht, wie z. B. J. B. Metz schreibt: »‹Subjektwerdung‹ gehört in das Grundprogramm der neuen politischen Theologie« (MP 40[20]). Doch ähnlich wie es die heutige Psychoanalyse in ihrem Wissen um die »interaktionelle Symbolbildung« (vgl. S. 88 ff) erkannt hat, weiß auch die politische Theologie, daß der Einzelmensch nur »zu sich selbst kommt an den anderen, mit den anderen (den Le- benden, fern und nah, und den Toten, den Besiegten und Opfern) und auch nur so sich selbst – in seiner Ich- tiefe – weiß. Denn wo es ganz und gar um mich geht, geht es nie nur um mich allein.« Mit diesem Satz setzt sich J. B. Metz grundsätzlich ab von dem »tiefenpsycho- logischen Ich, soweit dieses Ich sich in seiner Identität vor den andern und ohne die anderen begreift, etwa nach der therapeutischen Maxime, daß nur der mit sich selbst bereits versöhnte Mensch sich auch mit anderen versöhnen könne, daß nur der auch die anderen (in ih- rem Anderssein) annehmen könne, der sich selbst be- reits angenommen habe« (ebd.).

Theologie und heutige Psychoanalyse stimmen mit der Bibel (besonders wenn man das hebräische Testament ernst nimmt) überein: Das individuelle und das soziale Anliegen lassen sich weder in der Selbstwerdung des Menschen noch im politischen Engagement auseinan- derdividieren. Es kommt alles darauf an, ihr Wechselverhältnis in der lebendigen Unruhe immer neu zu verstehen, zu bedenken und zu korrigieren.

(c) Wir stehen innerchristlich damit vor der Frage nach dem Verhältnis von Christ und Kirche, von persönlicher Frömmigkeit und den sakramentalen, institutionellen Gestalten der Gottesverehrung. Unbedingt müssen Drewermanns Hinweise und Warnungen beachtet werden, daß die kirchliche Institution (wie jede andere) stets in Gefahr steht, den einzelnen zu entpersonalisieren. Doch die andere Gefahr, daß der einzelne mit der sozialen Einbindung und Verpflichtung auch sein Subjektsein verfehlt, ist ebenso groß. Subjekt und Gemeinschaft, Mystik und Politik, Frömmigkeit und Kirche lassen sich eben nicht trennen.

Man muß weiterhin, wie oftmals bei Drewermann, feststellen, daß er die kritische Weiterentwicklung der existentiellen Theologie Bultmanns, worauf seine Kritik der fehlenden Bildhaftigkeit aufbaut, kaum berücksichtigt. Auch die setzt nämlich, wie Sölles Bultmann-Kritik, an beim Wiedergewinn der Geschichte. E. Käsemanns berühmter Aufsatz »Das Problem des historischen Jesus« war die Wende (JF 242.51).

Das aber ist – sowohl in der politischen wie in der dogmatisch-systematischen Theologie – das Stichwort für eine gewichtige Frage an Drewermann. Mit der Trennung von Gerechtigkeit und Gnade, von Politik und Mystik wird auch die Religion in einen Bereich jenseits von Geschichte, Politik, Gerechtigkeit verwiesen. Gerade die theologische Aufarbeitung des Eschatologischen und Apokalyptischen hat deutlich gemacht, daß Gott in die Geschichte hineinwirkt und deshalb der Mensch aus religiösem Impuls einen geschichtlichen, politischen Auftrag hat; das aber wird von Drewermann zumindest abgeschwächt und in die psychisch-personale Gesundung des Einzelmenschen hineinverlegt. Deshalb auch kann er von der »Suspendierung des Ethischen« – also auch des gesellschaftlichen Auftrags oder des »Gebots« der Nächstenliebe für die Christen – »durch das Religiöse«, durch die das Religiöse freilegende Tiefenpsychologie (vgl. oben S. 68 ff) sprechen. Wenn aber – worauf D. Sölle mit Recht insistiert – Gerechtigkeit (Politik, Ethik) und Gnade (Religion, Gott-Unmittelbarkeit) unauflöslich sind, dann braucht gerade diese These Drewermanns differenzierte Überlegungen.

(d) Es genügt auch ein Blick auf die »Befreiungstheologie«, besonders auf die Dynamik ihrer nicht-europäischen Realisation, um die Kraft der inneren Verknüpfung von Religion und Gesellschaft, von Mystik und Politik zu erkennen. Es ist eine Kraft der Hoffnung darauf, daß Gott auch in der Geschichte wirksam ist – durch den Einsatz der Menschen, durch das Engagement der Liebe, durch die Glaubenserfahrung von Gott, durch die Begegnung mit Jesus. Und hierin – nicht nur im Aufleuchten der innerpsychischen Bilder, daß Gottes personale Liebe Wirklichkeit ist – liegt auch die Aktualität der eschatologischen und apokalyptischen Kapitel der Heiligen Schrift. Gott ist ein Gott der Geschichte aller Menschen und nicht nur der Psyche der je einzelnen Menschen.

(e) Zu überlegen ist auch, was die geschichtliche Dimension, die bei Drewermann offensichtlich zu kurz kommt, für die Frage nach dem »Charisma« der Ehelosigkeit bedeutet. Am Beispiel Teilhards de Chardin (JS IV, 159 f) kann man sehen, wie sich eine deutliche Hinneigung zum anderen Geschlecht zugleich mit der Ehelosigkeit verbinden kann – weil einer sich noch unterwegs weiß zum endgültigen »Punkt Omega«. Das Ernstnehmen der Geschichtlichkeit ermöglichte ihm den gegenwärtigen Verzicht auf die volle gegenseitige Liebeserfüllung. Aber auch der Blick in die große indische Religiosität müßte es erlauben, diese Frage ehrlicher zu stellen, als es die Tagespolemik nahelegt: Ein Ramakrishna lebte ehelos in seiner Ehe; ein Mahatma Gandhi fing an, zölibatär zu leben, als er seine soziale Aufgabe wahrnahm. Ob nicht auch Drewermann von hier aus einiges von der harten Polemik des Klerikerbuches gegen das Charisma der Ehelosigkeit aufarbeiten könnte – gerade im Blick auf die Religiosität anderer Erdteile?

(f) In einer eindringlichen Ansprache zum Dreifaltigkeitsfest kommt Drewermann auf das Gottesbild im Menschen zu sprechen: »Da sind es drei Bilder, die uns gegenübertreten, und alle drei sind wahr, indem in jedem von ihnen Gott auf besondere Weise als Person sich zeigt. Das *eine* ist das Bild des Schöpfers. Wir brauchen ein *anderes* genauso wesentliches Bild von Gott, um inmitten dieser Natur (die so grausam ist; JS) als Menschen leben zu können. Dieses Bild lebt aufs innigste in der Person Jesu Christi. Es ist die Erfahrung, daß wir Menschen einander brauchen, nicht nur, um uns selbst zu finden, sondern um Gott als die Liebe zu erkennen. Nur wenn wir einander sehr nahe sind, beginnen wir, den Gott der Schöpfung zu verstehen. Denn nur in der Liebe begreifen wir, daß es diesen einen bestimmten Menschen unbedingt geben *muß*. Wenn wir auf dieser Erde auch nur einen einzigen Menschen richtig liebhaben, begreifen wir mit einem Mal Gott, der all dies machte, um diesen einen und dann ins Ungemessene viele andere hervorzubringen. Der dunkle, schweigende Hintergrund der Welt beginnt zu reden in jedem Menschen, der uns nahe ist in der Liebe. Und es gibt ein *drittes* Bild von Gott, dessen wir bedürfen. Gäbe es nur den Schöpfer der Welt, blieben wir abhängige Kinder der Natur. Gäbe es nur die Sprache der Liebe neben uns, blieben wir abhängig von anderen. Das dritte Bild von Gott ist das des Geistes. Alles liegt in unserer eigenen Seele. Nicht Abhängigkeit, sondern Freiheit ist die Natur des Geistes« (Da, 121–3).

Schreit das alles nicht nach einem letzten entscheidenden Schritt, dem Drewermann immer ausweicht, nach dem Ja zu Gott in der Geschichte, zu Gott auch in der Mitte der Geschichte, in Jesus Christus? In einer anderen Predigt wehrt er gerade dieses Ja ab: »In unserer Zeit zu glauben, daß es Gott gibt, ist keinesfalls selbstverständlich; aber einen Menschen inmitten der menschlichen Geschichte für Gott zu erklären, das findet den schärfsten Widerspruch von mehr als 1,2 Milliarden Muslimen auf dieser Welt. Wenn wir ihnen nicht begreifbar machen können, woran wir glauben, vertun wir uns vermutlich in dem, was wir selbst meinen. Wir sollten uns einfach vorstellen, was wir denn von Gott in einem Menschen verdichtet fühlen können. Gerade, wenn wir jemanden besonders lieben, holt er ein Stück vom Himmel auf diese Erde. ›Aber‹, wird jeder Muslim sagen, ›man betet den Menschen, den man liebhat, nicht an; man macht aus demjenigen, der einem die Kraft gibt, wahrhaft zu leben, keinen Gott.‹ Und das ist wahr. Jesus von Nazaret hätte sich gewehrt gegen die Form, in der wir heute inmitten der christlichen Bekenntnisformeln ihn anbeten: an der Seite Gottes, an Stelle Gottes, als einen Teil von Gott – wie auch immer. Anderes wollte Jesus nie sein als ein schattenloser Hinweis auf diese Macht, die alles trägt« (Da, 147).

Es wäre billig, mit dem dogmatischen Schmiedehammer auf ein solches Zitat einzuhauen. Man muß versuchen, das Anliegen Drewermanns zu verstehen, obgleich er selbst mit einem solchen Hammer auf die überlieferte Frömmigkeit und Theologie einhaut, diesen Hammer dabei allerdings in die bunten Tücher von Märchen und Mythen und in den Parfümduft einer emotional-einfühlenden Sprache einhüllt.

Aber es wurde wohl deutlich: Es geht um Jesus Christus! Nicht um die von Drewermann kritisierte »gegenständliche« Sprache von Jesus, dem Christus, sondern um das existentielle Verhältnis zu Gott und zu Jesus. Wie bewußt sich Drewermann dieses »eigentlichen« Dialogthemas ist, zeigt das Ende des obigen Zitats. Dort wird ein Wort des johanneischen Jesus: »Wo zwei oder drei in meinem Namen versammelt sind, bin ich mitten unter euch«, umgewandelt in: »Wo auch nur zwei oder drei von euch in Liebe beisammen sind, ist Gott mitten unter euch« (Da, 123) Ist aber nicht das der Glaube auch schon der Jünger Jesu gewesen, daß die »Liebe Gottes mitten unter uns« Jesus heißt?

Drewermanns Theologie
– kann zur Erneuerung der Theologie von morgen
führen

Drewermanns Neu-Ansatz darf (und wird!) trotz oder
gerade wegen seiner Einseitigkeiten dem christlichen
Glauben und der damit verbundenen theologischen Reflexion nicht verlorengehen. Bei aller Kritik, die man an
seiner »objektiven« Wissenschaftlichkeit und »subjektiven« Engagiertheit anzubringen hat, wäre es verhängnisvoll, ihn in eben dem Stil, in dem er mit seinen Gegnern umgeht, auch selbst abzukanzeln, etwa so: »Zum
Häretiker fehlt dem Bibelausleger Drewermann eindeutig das Format.« Sein Matthäuskommentar »ist in jeder
Hinsicht entbehrlich. Er ist, ehrlich gesagt, schrecklich«
(KB). Nach der Belustigung oder dem Ärger über solche
pamphletartige Kritik, die ich übrigens als eine berechtigte Literaturform ansehe (JS II, 292), muß auf die in
Drewermanns Ansatz liegenden Fragen und Antworten
eingegangen werden. Viererlei scheint mir dabei
wichtig:
(a) – daß Drewermann die Subjektivität, die »Ich-Be-
troffenheit« an den Beginn, in den Ansatz der Exegese
und der theologischen Besinnung hineinstellt und nicht
nur an eine später zu erfolgende Auswertung (Pastoral,
Spiritualität usw.) delegiert, daß er also das »Vorver-
ständnis« (H. G. Gadamer) und das »erkenntnisleitende
Interesse« (J. Habermas) auf keiner Stufe der Theologie
ausklammert. Dies entspricht der Theologie der Kirchenväter, die J. Leclercq bis in die monastische Theologie fortgesetzt findet und die nach H. de Lubac und H.
U. v. Balthasar in Bonaventura ihren letzten großen Vertreter fand.
Dieser Glaubensansatz der Theologie kann allerdings
heute nur gültig sein, wenn er verbunden ist mit einem
ständigen kritischen Rückfragen an die Rationalität, an
den empirischen Befund, an die eigene und fremde Er-

fahrungswelt; er muß im »offenen Dialog« stehen, der bei Drewermann meist nur nominell, kaum aber wirklich geführt wird.

(b) – daß Drewermann die Welt der Mythen und Bilder, die »Anschauung« in die Begrifflichkeit, in die »Gedanken« der Theologie integriert und nicht nur einer späteren pastoralen Anwendung überläßt (»Wie sage ich es meinem Kind?«). Auch diesbezüglich wird der heutigen wissenschaftlichen Reflexion immer deutlicher: »Mit dem Thema ›Mythos‹ steht das Wesen der Philosophie insgesamt in Frage. Der Mythos ist ein diagnostisches Instrument zur Auslotung des Raumes unserer Rationalität, mit dessen Hilfe wir auch die historische Genese der heutigen Differenzierungen aufarbeiten können. Mythische Erfahrungsformen sind deshalb für das gegenwärtige Denken attraktiv, weil der Mythos einen anderen Typus von Vernunft als das instrumentale Denken repräsentiert, weil er andere Vorstellungen von Wirklichkeit ermöglicht« (CJ, 15).

Nach dieser Feststellung, die für den Mythos ebenso wie für Bilder und Träume gilt, beginnen aber die Fragen an Drewermann; warum er von der heutigen philosophischen »Mythen-Diskussion«, über die der oben zitierte Jamme berichtet, so gut wie keine Notiz nimmt (höchstens gelegentlich Paul Tillich und andere ältere Forscher); warum er die Weiterentwicklung der Psychoanalyse gerade in diesen Fragen (AL) übergeht; warum er auch hier wieder den wirklichen Diskurs meidet.

Theologisch beurteilt greift Drewermann mit seinem Ansatz einen Grundzug der frühen christlichen Theologie auf; auch sie verdankt ihre Kraft ihrer Bildhaftigkeit, wie es besonders H. de Lubac herausgearbeitet hat. Das geht in der Polemik Drewermanns (vgl. S. 24f) völlig unter. Fr. Ohly hingegen zeigt, daß bis ins 12. Jahrhundert die christliche Theologie von den Bildern lebte, und er beurteilt dies ganz im Sinne Drewermanns: »Erst die Metaphorik als hermeneutisches Prinzip der anthropologischen Erkenntnis solcher Phänomene wie der Zeit, der Liebe, des Todes und der Sünde eröffnet uns die

Möglichkeit, über die Sprache Wege der Seinserhellung solcher Phänomene zu beschreiten« (JS III, 47).

(c) – daß Drewermann Christentum von seiner heilenden Kraft her deutet und beurteilt. Es kann kein Zweifel bestehen, daß der Jesus der Evangelien ganz und gar in dieser seiner heilenden Kraft dargestellt wird.« So fassen die sogenannten Summarien (z. B. Mt 4, 23 ff; 9, 35 ff usw.) das Wirken Jesu zusammen. Und so setzt sich Jesu Auftrag bei seinen Jüngern fort.

Es ist – von uns heute her gesehen – eine, besser: die Überlebensfrage für das Christentum von heute, wie dieser Auftrag Jesu heute erfüllt werden kann. Die in den Aberglauben umkippende Religiosität der Esoterik, der fundamentalistischen Sekten, auch des New Age und mancher wundersüchtigen Sektiererereien innerhalb des Christentums usw. zeigt, wie wichtig dieses Anliegen Drewermanns ist. Er gibt zwar als Antwort: Die Psychoanalyse hat diesen Auftrag heute übernommen, und hat von seiner Sicht aus wahrscheinlich auch recht, obgleich die etablierte Psychoanalyse ihn weithin nicht beachtet. W. Schmidbauer macht in seinem Buch »Kritik der Psychosomatik. Die subjektive Krankheit« auf einen besseren Weg aufmerksam, den psychoanalytischen Ansatz in den ganzheitlichen Umgang mit dem Menschen zu integrieren: »Die Psychosomatik krankt an ihrer Suche nach einer lexikalisch faßbaren, starren ›Organsprache‹, während es nur sozusagen schriftlose, künstlerisch faßbare Organdialekte gibt« (WS, 15 f). An den sogenannten magischen Praktiken der Urreligionen kann er zeigen, daß diese Riten den Zwischenbereich zwischen subjektivem Empfinden und objektiver Krankheit überbrückten und Heilung dort verschafften, wohin die Medizin nicht mehr reicht, die »Funktionen« übernommen habe, »welche bisher der Poesie eigen waren« (WS, 59). So kann Schmidbauer etwa den magnetisch-suggestiven Heiler Anton Mesmer (1734–1815) deuten »als einen seiner selbst unbewußten Poeten, der seine Kraft der Entdeckung einer Metapher – des ›animalischen Magnetismus‹ verdankte« (WS, 67).

Kl. Berger spricht der »Wissenschaftlichkeit« Drewermanns die »peinlich zu nennende Funktion eines Feigenblattes« zu und »wittert« in ihrer »apodiktischen« Aufbereitung »neue Unfehlbarkeitsansprüche – eine strukturelle Eigenart nicht nur katholischer Dogmatik« (KB). Aber die eigentliche Kraft Drewermanns liegt nicht in seiner psychoanalytischen oder exegetischen »Wissenschaftlichkeit«, sondern in seiner Poesie. Nicht nur die Märchendeutungen beweisen das.

Die christliche Glaubensverkündigung und deshalb vorgängig die Ausbildung der Glaubensverkünder müßten poetischer werden – hier hat Drewermanns »Psychogramm des Klerikers« recht, wenn er vorschlägt, »eine Pädagogik zu konzipieren, die es erlaubt, jene Ursprungseinheit von Religiosität, Poesie und Therapie wiederzufinden, die in Gestalt des *Schamanismus* einmal Wirklichkeit gewesen ist« (Kl, 738). Wie schwierig dies allerdings ist, zeigen seine eigenen, oft beleidigenden Ausfälle, zeigt auch Drewermanns von Kl. Berger angeprangerte Sucht nach »Wissenschaftlichkeit«.

(d) – daß die Menschlichkeit (nicht nur Menschheit) Jesu voll und ganz integriert wird in die Verkündigung. Hier ist wiederum einer der Punkte, an denen man erstaunt ist, wie wenig Drewermann sich mit der heutigen Theologie auseinandersetzt. Joseph A. Fitzmyer, einer der Spitzenleute der heutigen historisch-kritischen Exegese, hat in seiner Kommentierung des offiziösen Dokuments der Päpstlichen Bibelkommission von 1984 (JF, übrigens schlecht bis sinnentstellend übersetzt!) gezeigt, daß der Stand der Exegese und der theologischen Umsetzung der exegetischen Erkenntnisse, längst die historisch-kritische Reflexionsebene Drewermanns überschritten hat. Aber dennoch – und vielleicht gerade deswegen – wird auch deutlich, daß Eugen Drewermann tatsächlich einen weiteren Schritt tut oder doch vorbereitet, einen Schritt zu einer ganz und gar menschlichen Theologie. In den Worten Drewermanns: »Daß die Tiefenpsychologie als ein Verfahren der Symboldeutung den Menschen ihr ›symbolisches Leben zurückgibt und

ihnen die Fähigkeit schenkt, ihren Träumen, unabgegol-
tenen Wünschen und Hoffnungen ein stärkeres Vertrauen entgegenzubringen, mutiger selbst zu sein und
poetischer, lyrischer und religiöser zu leben, zu kämpfen
und zu lieben« (NH IV, 325).
Dies abzulesen an Jesus von Nazaret, dem Christus der
jungen Kirche, ist das Verdienst der Bibelkommentare
Drewermanns. Aber kann es wirklich den Menschen zur
Hilfe sein, wenn Drewermann dann bei den Träumen
stehenbleibt und vor dem Glauben zurückweicht, daß in
diesem Jesus Gottes Güte sich offenbart hat, daß in ihm
»erschienen ist die Güte und die Menschenliebe Gottes,
unseres Heilandes« (Tit 3,4)?